Bibliografische Information der Deutschen Nationalbibliothek:

Die Deutsche Bibliothek verzeichnet diese Publikation in der Deutschen National-
bibliografie; detaillierte bibliografische Daten sind im Internet über http://dnb.d-
nb.de/ abrufbar.

Impressum:

Copyright © 2010 GRIN Verlag, Open Publishing GmbH
Druck und Bindung: Books on Demand GmbH, Norderstedt Germany
ISBN: 9783640660094

Dieses Buch bei GRIN:

http://www.grin.com/de/e-book/153589/der-wertbeitrag-einer-soa-in-abhaengigkeit-
des-wiederverwendungsgrads-ihrer

Rainer Lüers

Der Wertbeitrag einer SOA in Abhängigkeit des Wiederverwendungsgrads ihrer Services

Ein Konzept für den Abgleich wissenschaftlich-theoretischer und praxiserprobter Maßnahmen zur Standardisierung des Service-Entwurfs in Unternehmen

GRIN Verlag

GRIN - Your knowledge has value

Der GRIN Verlag publiziert seit 1998 wissenschaftliche Arbeiten von Studenten, Hochschullehrern und anderen Akademikern als eBook und gedrucktes Buch. Die Verlagswebsite www.grin.com ist die ideale Plattform zur Veröffentlichung von Hausarbeiten, Abschlussarbeiten, wissenschaftlichen Aufsätzen, Dissertationen und Fachbüchern.

Besuchen Sie uns im Internet:

http://www.grin.com/

http://www.facebook.com/grincom

http://www.twitter.com/grin_com

Der Wertbeitrag einer SOA in Abhängigkeit des Wiederverwendungsgrads ihrer Services

Ein Konzept für den Abgleich wissenschaftlich-theoretischer und
praxiserprobter Maßnahmen zur Standardisierung
des Service-Entwurfs in Unternehmen

Hausarbeit

**zur Erlangung des Titels IT-System-Ökonom (VWA)
im Studiengang IT-Systemmanagement**

der

**Verwaltungs- und Wirtschafts-Akademie
Frankfurt am Main**

vorgelegt von

Rainer Lüers

4. Semester

Frankfurt, den 15.06.2010

Inhaltsverzeichnis

Abbildungsverzeichnis

Tabellenverzeichnis

Abkürzungsverzeichnis

ACID	Atomicity, Consistency, Isolation, Durability
BPEL	Business-Process-Execution-Language
BPM	Business-Process-Management
CRUD	Create, Read, Update, Delete
HTTP	Hypertext Transfer Protocol
OASIS	Organization for the Advancement of Structured Information Standards
OO	Objektorientierung
QoS	Quality of Service
SOA	Serviceorientierte Architektur
SOAP	Bis Version 1.1 - Simple Object Access Protocol[1]
UDDI	Universal Description, Discovery and Integration
URL	Uniform Resource Locator
WSDL	Web Services Description Language
W3C	World Wide Web Consortium
XML	Extensible Markup Language

---

1   Die Abkürzung SOAP wird offiziell seit der Version 1.2 nicht mehr als Akronym verwendet und steht nun als Begriff für sich selbst. (Vgl. World Wide Web Consortium (W3C) 2007, S. 1)

1 Einleitung

1.1 Motivation

Ziel serviceorientierter Softwarearchitekturen ist es, die Informationsverarbeitung in Unternehmen schneller und besser an immer volatilere Anforderungen moderner Geschäftsprozesse anpassen zu können als dies in traditionell monolithischen Architekturen möglich ist. Die zugrunde liegende Idee dabei ist, Geschäftsprozesse durch flexible und lose gekoppelte Softwaredienste (Webservices) in die IT-Landschaft zu adaptieren. Strategisch ausgerichtete Geschäftsprozessmodelle fungieren bei der Umsetzung als Bindeglied zwischen Business und IT und begründen die Forderung nach der Aufhebung künstlicher Grenzen hin zu einem interdisziplinären Lösungsansatz.

Die größten Hindernisse der Vergangenheit, wie u.a. die offenen Fragen zur Sicherheit und Zuverlässigkeit (QoS) webbasierter Lösungen, die einer breiten Akzeptanz zur Umsetzung des neuen Architektur-Paradigmas in den Unternehmen im Wege standen, sind durch die Schaffung technologischer Standards beseitigt und haben dazu geführt, dass seit dem Jahr 2009 laut statistischer Erhebungen ca. 89 % aller Großunternehmen mit der Nutzung von Webservices begonnen haben (Vgl. Ried 2009, S. 38).

Agilität, Wiederverwendbarkeit und Reduzierung der IT-Kosten gehören zu den wesentlichen Potenzialen einer ausgereiften serviceorientierten Architektur. Es wäre aber falsch anzunehmen, dass die reine Existenz einer SOA bereits einen Business Case darstellt. "Zur Erinnerung: Nur ein sparsames Auto zu besitzen ist auch noch kein Business Case. Der Aufbau einer Car-Sharing-Gemeinschaft kann jedoch mit einem klaren wirtschaftlichen Vorteil rechnen ..." (Vgl. Ried 2009, S. 39).

Um einen messbaren Wertbeitrag zum Unternehmenserfolg haben zu können, ist es also von größter Bedeutung, ein Service-Repository zu entwickeln, dessen kleinste Bausteine oder Orchestrierungen dieser, einen maximalen Grad an Wiederverwendbarkeit aufweisen. Webservices, die sich als bestgeeignete Technologie zur Modularisierung von Geschäftprozessen etabliert haben, ist diese Eigenschaft nicht automatisch inhärent. Vielmehr ist dies einer der neuralgischen Punkte, von denen ein langfristig zu erwartender wirtschaftlicher Nutzen einer Serviceorientierung abhängt. Die Produktion qualitativ hochwertiger Services darf nicht von glücklichen Umständen abhängen (Vgl. Erl 2008, S. 17), sondern muss im Rahmen festgelegter Regeln und standardisierter Vorgehensweisen betrieben und im Kontext einer SOA Governance fortlaufend kontrolliert werden (Vgl. Finger et al. 2009, S. 87). Vorhersagbarkeit und Wiederholbarkeit, kurz Berechenbarkeit, sind Kriterien, die den strategischen Entscheidungsprozess eines Unternehmens für oder wider einer SOA-Einführung mit langfristigen und oftmals beträchtlichen Investitionen beeinflussen (Vgl. Erl 2008, S. 17).

1.2 Ziele

Angesichts der oben geschilderten Situation, in der Unternehmen unter dem Druck der Erneuerung und der gleichzeitigen Verpflichtung unternehmerischer Risikoabwägung nach Lösungen für das entstandene Dilemma suchen und der zur gleichen Zeit in den Medien häufig sehr kontrovers diskutierten Einschätzungen zum Thema SOA im Allgemeinen und dem Einlösen der damit verbundenen Versprechungen im Speziellen, muss die Frage geklärt werden, inwieweit die Inhalte theoretischer Grundlagenforschung überhaupt als Ausgangspunkt für die praktische Umsetzung einer SOA dienlich sind.

An dieser Stelle setzt die vorliegende Arbeit an, indem sie durch eine vertiefte theoretische und empirische Auseinandersetzung mit dem Kernelement Service, respektive den für deren planbaren Entwurf verfügbaren Prinzipien, auf praktische Anwendbarkeit und tatsächlich damit zu erreichende Ziele überprüfen will.

Jeder empirischen Untersuchung unterliegt eine zentrale Fragestellung als Ausgangspunkt für die Entwicklung einer Untersuchungsstrategie, der Auswahl einer relevanten Analysemethode und der Selektion eines Teils des gesamten Untersuchungsgegenstandes (Vgl. Gläser 2009, S. 62).

Diesem Konzept folgend wird der Untersuchungsrahmen dieser Arbeit auf die *„Relevanz von Entwurfs-Prinzipien"* eingegrenzt und dem gesamten Umfang angemessen, auf die Betrachtung des Service-Merkmals *„Wiederverwendbarkeit"* beschränkt. Entsprechend steht hier also folgende Fragestellung im Mittelpunkt der Untersuchung:

Welche Relevanz haben Entwurfsprinzipien in Unternehmen, den Grad der Wiederverwendbarkeit von Services innerhalb der SOA zu beeinflussen?

Um diesem Vorhaben gerecht werden zu können und der Tatsache schuldend, dass SOA oftmals ganz unterschiedlich definiert wird, ist es notwendig, grundlegende SOA-Konzepte unter Bezugnahme führender Fachautoren zunächst in der Breite und allgemeingültig darzustellen. Diese Vorgehensweise, in der eine genaue Quellenkunde samt ihrer Entstehungsgeschichte an den Anfang der Untersuchung gestellt wird, entspricht den grundsätzlichen Anforderungen an eine qualitative Inhaltsanalyse (Vgl. Mayring 1988, S. 27). Hieran anschließend wird vom allgemeinen Rahmen der SOA auf die Bedeutung des Service und seiner Merkmale fokussiert, um darauf aufbauend Prinzipien zur Realisierung von Service-Merkmalen an Hand der aktuellen Fachliteratur zu extrahieren.

Der methodische Handlungsrahmen dieser rekonstruierenden Untersuchung basiert auf den von (Mayring 1988) entwickelten Techniken zur Gewinnung textuellen Datenmaterials mit Hilfe von Experteninterviews, „in denen die Befragten als Spezialisten für bestimmte Konstellationen befragt werden ..." (Vgl. Gläser 2009, S. 12) und der „Qualitativen Inhaltsanalyse" zur Auswertung textbasierter Daten.

Zusammenfassend soll also das eingegrenzte Ziel dieser Arbeit darin gesehen werden, mit Hilfe systematischer Analyse empirisch erhobener Daten Erkenntnisse darüber zu gewinnen, ob der hypothetische Gehalt der aktuell erforschten Prinzipien zur Beeinflussung des Wiederverwendungsgrades von Services in der Praxis nachzuweisen ist.

Die Aussagekraft auch qualitativer Untersuchungen[2] erfordert eine Mindestmenge auswertbaren Materials. Gleichzeitig ist die Gewinnung von Experten für ein Interview schon allein dadurch sehr schwierig, weil es naturgemäß nur wenige gibt und deren Zeit für Interviews eher eng bemessen ist. Dieser Willkür entgegenzutreten, soll dass Hauptinteresse dieser Arbeit darin bestehen, als konzeptionelle Vorlage für die Möglichkeit einer im größeren Stil angelegten Untersuchung dieser Fragestellung zu dienen. Dementsprechend liegt der Schwerpunkt auf der Erarbeitung eines strukturierten Untersuchungsverfahrens, dass sich an den klassischen Gütekriterien[3] qualitativer Inhaltsanalyse orientiert.

---

2 Die Häufigkeit des Auftretens zuvor festgelegter Kategorien im Text sind Quantifizierungen und entsprechen der methodologischen Annahme, dass es einen Zusammenhang zwischen der Häufigkeit und der Bedeutung des zugrunde liegenden Sachverhaltes gibt. (Vgl. Gläser 2009, S. 198)

3 „Die ... Methodenlehre teilt die Gütekriterien ein in Maße der Reliabilität (Zuverlässigkeit) ... und in Maße der Validität (Gültigkeit) ..." (Vgl. Mayring 1988, S. 93)

2 Serviceorientierte Architektur

2.1 Schlüsselkonzepte einer SOA

Die im ersten Kapitel formulierten Herausforderungen an das Management von Geschäftsprozessen führen im Bestreben einer konsequenten Umsetzung zu einem neuen Denkansatz in der Softwarearchitektur, der auf den Schlüsselkonzepten Anwendungs-Frontend, Service, Service-Repository und Service-Bus basiert (Vgl. Krafzig 2007, S. 77). Die folgende Abbildung stellt die Beziehungen der Komponenten einer SOA hierarchisch dar.

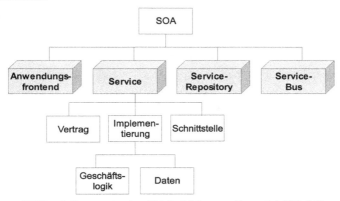

Abbildung 1: Komponenten einer SOA (In Anlehnung an Finger et al. 2009, S. 9)

Serviceorientierte Architekturen eröffnen die Chance, die Integration bereits vorhandener und neu zu entwickelnder Informationssysteme flexibel, prozessorientiert und evolutionär durchführen zu können und orientieren sich an dem Ziel, eine IT-Infrastruktur zu gestalten, die den Geschäftsprozess in den Mittelpunkt stellt (Vgl. Juric 2006, S. 12). Die Aussicht, langfristig komplex-monolithisch gewachsene Informationssysteme durch lose miteinander verbundener Services zu ersetzen, die es erlauben Business-Anforderungen im Idealfall automatisiert und somit zeitnah zu realisieren, stellt das Credo einer SOA dar und kann es leisten, die Kluft zwischen betriebswirtschaftlicher und technischer Prozessmodellierung zu überwinden. Abbildung 2 zeigt, wie Anwendungen in gewachsenen IT-Systemen durch „Point-to-Point-Beziehungen" fest miteinander verbunden sind. Die Gartner-Group spricht in diesem Zusammenhang bereits 1999 vom „Application Spaghetti", dessen Verbindungen nicht nur äußerst

5

unübersichtlich und unflexibel sind, sondern darüber hinaus hohe Kosten für Pflege und Wartung erzeugen.

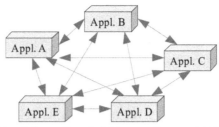

Abbildung 2: Point to Point (In Anlehnung an Finger et al. 2009, S. 6)

In der folgenden Abbildung 3 wurden die festen Verbindungen zwischen den Anwendungen aufgelöst, um indirekt über eine Vermittlungsschicht (Enterprise-Service-Bus) verbunden zu werden. Diese serviceorientierte Grundforderung nach einer lose gekoppelten Anwendungslandschaft erlaubt es jeder angeschlossenen Komponente, Daten und Funktionen anderer Komponenten zu verwenden. Neben einer besseren Übersichtlichkeit ergeben sich weitere Vorteile wie flexible Änderbarkeit, leichte Wartbarkeit,

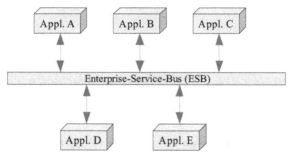

Abbildung 3: Enterprise-Service-Bus (In Anlehnung an Finger et al. 2009, S. 7)

Wiederverwendbarkeit, erweiterte Nutzbarkeit vorhandener Software, Skalierbarkeit und die Möglichkeit, unterschiedliche Technologien auf der Ebene des Service-Bus einsetzen zu können (Vgl. Finger et al. 2009, S. 5f).

2.2 Wesentliche Merkmale einer SOA

In der Literatur werden eine Vielzahl unterschiedlicher Merkmale zur Charakterisierung einer SOA vorgestellt, die aus oftmals sehr unterschiedlichen Blickwinkeln entstanden sind. Die wesentlichen Merkmale, bei denen es allgemeine Übereinstimmung gibt, sollen im Folgenden aus einer verallgemeinernden, informationstechnischen Perspektive beschrieben werden.

2.2.1 Lose Kopplung

Das Maß der Abhängigkeit zweier Systeme kann durch die Einführung des Prinzips „Lose Kopplung von Services" vermindert werden und führt zur Erhöhung der Flexibilität innerhalb einer Software-Architektur (Vgl. Finger et al. 2009, S. 7). Lose Kopplung und damit Unabhängigkeit der beteiligten Softwarekomponenten wird erreicht, wenn die Implementierung der eigentlichen Programmfunktionalität nach außen gekapselt (verborgen) und eine Kommunikation ausschließlich nachrichtenbasiert über eine offen gelegte Service-Schnittstelle angeboten wird (Vgl. Juric 2006, S. 42), wie es die Abbildung 4 verdeutlicht.

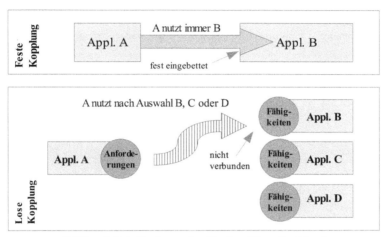

Abbildung 4: Feste Kopplung vs. Lose Kopplung (Eigene Darstellung)

Die Vermeidung der bereits weiter oben beschriebenen „Point-to-Point-Beziehungen" herkömmlicher Architekturen hilft dabei, die Komplexität zu reduzieren und die Anwendungslandschaft insgesamt agiler hinsichtlich Systemwartung und Änderungen zu machen. Das Anpassungsrisiko implementierter Programmlogik wird dadurch verringert, weil es lokal begrenzt und überschaubar bleibt (Vgl. Krafzig 2007, S. 67).

2.2.2 Interoperabilität

Heutige Anwendungslandschaften sind durch eine Vielzahl unterschiedlicher Technologien gekennzeichnet, die durch historische Gegebenheiten, persönliche Vorlieben, Geschäftsübernahmen und nicht zuletzt durch vertikale Organisationsstrukturen und deren impliziter Funktions- und Datenredundanz gewachsen sind. Diese Heterogenität ist ein Faktum, gegen das sich Unternehmen in der Vergangenheit zunächst durch Daten- und

Funktionsintegration mit Standardsoftware und später durch die Einführung eines EAI-Konzepts (Enterprise-Application-Integration) gestemmt haben, um den Übergang von funktionsorientierten zu prozessorientierten IT-Systemen zu schaffen. Diese Lösungsansätze sind als Vorstufen der heutigen SOA zu verstehen und führen in Anbetracht ihres Ergebnisses zu der Erkenntnis, dass man Heterogenität nicht aufheben kann, sondern als eine natürliche Gegebenheit zu akzeptieren ist, die es zu verwalten gilt (Vgl. Krafzig 2007, S. 70f).

Wenn es gelingt, eine Verbindung zwischen Systemen schnell und einfach herzustellen, spricht man von einer hohen Interoperabilität. Dies ist das Hauptziel von EAI-Projekten, bei denen die Applikationen unverändert über eine zentrale Middleware[4] (siehe Abbildung 5) verbunden werden, um gegenseitig Daten austauschen zu können.

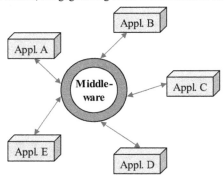

Abbildung 5: Hub & Spoke - EAI (Eigene Darstellung)

Für SOA ist diese Anforderung nur ein Teilziel, das die Basis für weitere Konzepte liefert, fachliche Funktionalität in Services zu verpacken und technisch einfach über verschiedene verteilte Systeme abzuwickeln (Vgl. Josuttis 2009, S. 21).

„Services werden inhärent interoperabel entworfen, unabhängig davon, wann und für welchen Zweck sie bereitgestellt werden. Die inhärente Interoperabilität ist ein fundamentales Ziel der Serviceorientierung und legt die Basis für die Realisierung anderer strategischer Ziele und Vorteile" (Vgl. Erl 2008, S. 72).

---

4   Middleware ist eine Dienstleistungssoftware, die den Datenaustausch zwischen entkoppelten Softwarekomponenten durch feste Point-To-Point-Verbindungen auf der Ebene ihrer Prozesse ermöglicht (Vgl. Starke 2007, S. 128).

2.2.3 Wiederverwendung

Die Wiederverwendbarkeit von Lösungslogik als Service gehört zu den elementaren Zielen der SOA und beinhaltet langfristig betrachtet, neben dem Merkmal Interoperabilität, das größte Rentabilitätspotenzial einer Investition (Vgl. Erl 2008, S. 105f). Die Bedeutung dieses Merkmals wächst, wenn man sich das Szenario automatisierter Umgebungen vor Augen hält, in dem unterschiedliche Geschäftsprozesse durch Wiederverwendung gleicher Services zur technischen Umsetzung herangezogen werden. Die zur Realisierung dieses Merkmals erforderliche Fähigkeit wird häufig damit verwechselt, die Zukunft vorhersagen zu können und deutet auf eine falsche Entwurfsstrategie hin. Wiederverwendungspotenziale entstehen, wenn Servicelogik in einem agnostischen (umgebungsneutralen) Kontext und der genauen Kenntnis ihrer potenziellen Nutzer entwickelt wird und hält einem Vergleich mit der kommerziellen Entwicklung von Massenprodukten am Gütermarkt, bei der die Kenntnis von Zielgruppe und Anforderung durch Marktanalyse identifiziert und als Vorgabe verwendet werden, stand. Hierfür ist ein interdisziplinärer Informationsaustausch zwischen Business und IT zwingend erforderlich, wobei die Herausforderung nicht darin zu sehen ist, absolute Wiederverwendung zu realisieren, sondern darin, die geeignete Art und Menge von Lösungslogik auf der Basis sachkundiger Analysen festzulegen und in einem Service zu kapseln. (Vgl. Erl 2008, S. 266). In Abbildung 6 wird gezeigt, wie zwei Anwendungsfrontends (Clients) die gleichen Services verwenden und somit redundante Lösungslogik durch Wiederverwendung vermieden werden kann.

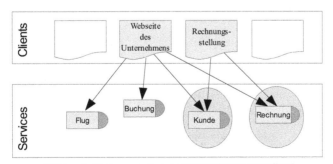

Abbildung 6: Wiederverwendung von Services (Eigene Darstellung)

Neben der drastischen Verkürzung der Entwicklungs- bzw. Anpassungszeit neuer Geschäftsprozesse sind die Verringerung der zu pflegenden Lösungslogik und eine kontinuierliche Verbesserung in der Service-Qualität die entscheidenden Ergebnisse der Wiederverwendung von Services. In der Vergangenheit sahen Unternehmen ihre Initiativen, eine SOA einzuführen, oftmals darin gescheitert, dass die Erzeugung wiederverwendbarer Lösungslogik in nicht ausreichendem Ausmaß realisiert werden konnte (Vgl. Erl 2008, S. 206). Die Gründe hierfür sind vielfältig, lassen sich aber letztlich auch auf das Fehlen beispielhafter und regelnder Vorgehensmodelle für den Service-Entwurf zurückführen.

2.2.4 Komponierbarkeit

Die oben beschriebene Ausgangslage, in der Services wiederverwendbare Lösungslogik bereitstellen, um durch verschiedene Clients in beliebiger Reihenfolge[5] kombiniert werden zu können, verlagert einen Großteil der Komplexität der Aufrufsteuerung und des Datenaustausches auf das Anwendungsfrontend, wie es in Abbildung 7 deutlich wird (Vgl. Krafzig et al. 2007, S. 108). Diese Komplexität auf der Client-Seite kann reduziert werden, wenn Services entworfen werden, die selbst wiederum andere Services zur Erfüllung einer Teilaufgabe kombinieren, und das Resultat ihres Dienstes, wie in Abbildung 7 gezeigt, in nur einer einzigen Schnittstelle anbieten.

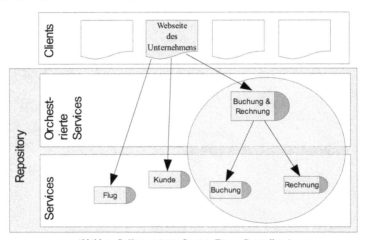

Abbildung 7: Komponierter Service (Eigene Darstellung)

---

5 Natürlich geht es bei der Kombination von Services immer darum, einen wohldefinierten Teilbereich eines Geschäftsprozesses abzubilden.

Durch Komposition von Basis-Services[6] entstehen Services auf höherer Ebene, die durchaus mit der einer traditionellen Anwendung vergleichbar sind (Vgl. Erl 2008, S. 53). Ein wesentlicher Unterschied hierzu ist allerdings, dass die Bereitstellung der Funktionalität in Kompositionen ausschließlich über lose Kopplung und nicht über feste Point-To-Point-Beziehungen realisiert wird. Die Steuerung dieser orchestrierten Services erfolgt durch speziell für diese Aufgabe entwickelte Anwendungen, die eine Modellierung der Prozesse[7] mit Hilfe der Business-Process-Execution-Language (BPEL) und grafischen Tools unterstützen. Das Prinzip der Wiederverwendung einzelner oder kombinierter Services kommt genau an dieser Stelle besonders zum Tragen. Die Orchestrierungsebene stellt somit den Dreh- und Angelpunkt für die Flexibilisierung der Geschäftsprozesse dar.

2.3 Service-Repository

Damit eine Orchestrierung auf der Basis wiederverwendbarer Services überhaupt erst möglich wird, bedarf es eines Prozesses für das Wiederfinden und Interpretieren (Discovery-Mechanismen[8]) bereits vorhandener Ressourcen (Vgl. Erl 2008, S. 369). Diese Aufgabe übernimmt ein Service-Repository als UDDI-Verzeichnisdienst[9], der alle zur Verfügung stehenden Services registriert und die dazugehörigen Schnittstellen, als die von einem Nutzer zugreifbaren Operationen, in einem maschinenlesbaren, standardisierten Format beschreibt (Vgl. Melzer 2009, S. 9). Im Kontext von Webservices ist hier ein Service-Vertrag in Form eines WSDL-Dokumentes realisiert, in dem die Funktionen und mögliche Beschränkungen zur Nutzung des Dienstes für die Gewährleistung einer reibungslosen Kommunikation spezifiziert sind (Vgl. Finger et al. 2009, S. 20). Des Weiteren werden nichtfunktionale Angaben (Policy) zur physikalischen Speicherung und zum Provider des Dienstes, sowie technische Beschränkungen und Transaktions- oder Sicherheitsbestimmungen einer Wiederverwendung offengelegt (Vgl. Finger et al. 2009, S. 24). Angesichts der Bedeutung eines Service-Repository für die Auffindbarkeit und somit der Wiederverwendbarkeit vorhandener Dienste ist bei der Bereitstel-

---

6 "In der Terminologie von SOA wird die Komposition neuer Services aus existierenden Services Orchestrierung genannt ..." (Vgl. Josuttis 2009, S. 87).
7 Geschäftsprozesse werden auf der technischen Seite durch komponierte Services repräsentiert.
8 "Discovery ist der Prozess, einen Service zu finden, und Interpretation ist der Prozess, seinen Zweck und seine Fähigkeiten zu verstehen. Auffindbarkeit und Interpretierbarkeit sind Maße für die Fähigkeit eines Service, die Prozesse der Discovery und Interpretation zu unterstützen." (Vgl. Erl 2008, S. 370)
9 UDDI ist ein standardisierter Verzeichnisdienst, der die zentrale Rolle in einem Umfeld von dynamischen Webservices spielt.

lung insbesondere auf die Qualität der zu hinterlegenden Metainformationen zu achten.

Hierzu ist es nötig, bereits zu Beginn der Serviceerstellung alle relevanten Metainformationen konsistent zu dokumentieren, weil in der frühen Phase der Modellierung Geschäfts- und Technologieexperten zusammenarbeiten und sich die Chance bietet, neben technischen eben auch die geschäftsrelevanten Metainformationen zu erkennen und zu dokumentieren, solange sie zugänglich sind (Vgl. Erl 2008, S. 378).

Korrektheit, Aktualität und übergreifende Verfügbarkeit der Informationen zu einem Service sind in einer unternehmensweiten SOA kritische Erfolgsfaktoren. Nur Dienste, deren Eigenschaften allen Beteiligten bekannt sind, können wiederverwendet werden (Vgl. Starke 2007, S. 21).

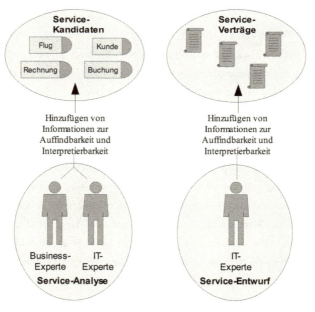

Abbildung 8: Metainformationen gewinnen (In Anlehnung an Erl 2008, S. 378)

Die obige Abbildung 8 zeigt, wie Auffindbarkeit bereits während der serviceorientierten Analyse und in der Entwurfsphase verbessert werden kann.

2.4 Akteure und Rollen

Das Prinzip einer SOA basiert auf dem Zusammenspiel unterschiedlicher Akteure und den ihnen darin zugewiesenen Rollen als Service-Anbieter, Service-Nachfrager und

Service-Verzeichnisdienstleister. Dieses Beziehungsdreieck[10], das unabhängig von der jeweiligen technologischen Plattform grundsätzlich entsteht, realisiert das Veröffentlichen, Suchen und Anbinden von Diensten. In der folgenden Abbildung 9 wird dieser Zusammenhang anschaulich dargestellt. Der Service-Anbieter stellt Dienste innerhalb eines Netzwerks durch die Registrierung beim Service-Verzeichnisdienst für den öffentlichen Zugriff bereit. Damit übernimmt er gleichzeitig die Verantwortung für die Verfügbarkeit und Wartung der Dienste und den sicheren Zugriff mit Authentifizierung[11] und Authentizität[12] auf diese.

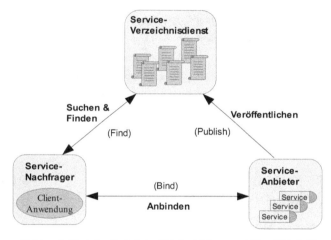

Abbildung 9: Magisches Dreieck der SOA (In Anlehnung an Melzer 2009, S. 12)

Das primäre Ziel des Service-Verzeichnisses[13] ist die Bereitstellung aller erforderlichen Informationen für das automatisierte Auffinden von Diensten durch einen potenziellen Service-Nachfrager. Gleichzeitig stellt es technische Informationen über die Schnittstelle des Dienstes bereit. Nach erfolgreicher Suche eines Dienstes erstellt der Service-Nachfrager einen Verweis (URL) zum Speicherort des Dienstes in seiner Client-Anwendung. Dieses Anbinden erlaubt dem Client die Verwendung (consume) aller vom jeweiligen Dienst angebotenen (provide) Funktionen. An dieser Stelle sei nochmals darauf hingewiesen, dass es sich beim Anbinden um eine lose und nicht fest programmierte

---

10 Auch als „Magisches Dreieck einer SOA" bezeichnet (Vgl. Melzer 2009, S. 12).
11 Authentifizierung regelt, dass der Zugriff auf Services und deren Informationen nur autorisierten Subjekten gestattet wird (Vgl. Starke et al. 2007, S. 257).
12 Authentizität ist die Voraussetzung für wechselseitiges Vertrauen über die Echtheit von Nutzern, Anbietern und den ausgetauschten Nachrichten (Vgl. Starke et al. 2007, S. 257).
13 Das Service-Verzeichnis wird in der Literatur auch als Registry oder Repository bezeichnet (Vgl. Melzer 2009, S. 14).

Verbindung handelt. Der Service-Anbieter kennt den Nachfrager normalerweise nicht, und eine Verbindung tritt erst dann zur Laufzeit in Kraft, wenn eine Funktion des Dienstes verwendet wird. (Vgl. Melzer 2009, S. 14f).

3 Serviceorientierung

3.1 Theorie der Serviceorientierung

Grundsätzlich basiert die Theorie der Serviceorientierung auf der Annahme, dass ein großes Problem besser lösbar wird, wenn man es in mehrere Teilaufgaben zerlegt[14] und die erforderliche Logik zur Lösung jeder einzelnen Anforderung nach Fähigkeit unterteilt (Vgl. Erl 2008, S. 86). Bezogen auf die technische Umsetzung eines komplexen Geschäftsprozesses bedeutet dies, dass dieser zunächst in kleinere Teilprozesse zerteilt würde, um dafür jeweils einen in sich abgeschlossenen Lösungsansatz zu entwickeln. Die sinnvolle Verkettung dieser, als Services entwickelten Teillösungen entspräche der Lösung des Gesamtproblems (Vgl. Erl 2008, S. 83f).

Der in diesem Zusammenhang als Kernelement der Serviceorientierung dienende Service (Dienst) ist kein IT-Begriff, sondern die Bezeichnung eines generellen Denkansatzes und repräsentiert eine Ressource, die einen Output liefert, einen Input benötigt und deren Fähigkeiten klar definiert sind (Vgl. Eichhorst 2008, S. 1).

3.2 Definition aus Sicht des Service-Entwurfs

„Serviceorientierung ist ein Entwurfsparadigma, das aus einer bestimmten Menge von Entwurfsprinzipien besteht. Die Anwendung dieser Prinzipien auf den Entwurf der Lösungslogik führt zu einer serviceorientierten Lösungslogik. Die Basiseinheit der serviceorientierten Lösungslogik ist der Service." (Vgl. Erl 2008, S. 53)

3.3 Wurzeln der Serviceorientierung

Der serviceorientierte Entwurfsansatz ist das Resultat einer evolutionären Entwicklung der Informationstechnologie auf der Suche nach einem Weg zur Definition verteilter Lösungen und der Wahrung ihrer Konsistenz auch in verschiedenen Umgebungen. Serviceorientierung hat daher viele Wurzeln in älteren Paradigmen und Technologien. Hierbei handelt sich keineswegs um ein fertiges, in sich bereits abgeschlossenes Rezept,

---

14 Separation of Concerns ist eine wissenschaftliche Theorie, in der verschiedene Elemente einer Aufgabe in möglichst verschiedenen Elementen der Lösung repräsentiert sind.

sondern unterliegt einem immer währenden Entwicklungsprozess, der sich an den neuesten Erkenntnissen der Forschung orientiert.

3.3.1 Objektorientierung

Wesentliche Schlüsselprinzipien der Objektorientierung (OO)[15] wie die Wiederverwendbarkeit, Abstraktion und Kompositionsfähigkeit von Objekten, sind direkt in die Serviceorientierung übernommen worden. Andere wiederum, wie das gemeinsame Kapseln von Daten und Fähigkeiten in ein und derselben Modularisierungseinheit (Klasse), wurden verworfen und durch neue Ansätze ersetzt. Eine Weiterentwicklung der Objektorientierung war die Betrachtung mehrerer Anwendungen unter dem Aspekt gemeinsamer Anforderungen, zur Entwicklung mehrfach nutzbarer Lösungslogik[16]. Die Idee, Services agnostisch gegenüber Geschäftsprozessen und Anwendungen zu entwickeln, impliziert auf natürliche Art einen hohen Grad an Wiederverwendungspotential (Vgl. Erl 2008, S. 113).

3.3.2 Webservices

Plattform- und Implementierungsunabhängigkeit sind Grundforderungen der Serviceorientierung und der SOA als Technologie schlecht hin. Dennoch werden die Begriffe SOA und Webservice häufig in direkten Zusammenhang gebracht, was nur dadurch zu begründen ist, dass wichtige SOA-Anbieter deren Vorzüge erkannt und ihre Plattformen auf die Verwendung von Webservices festgelegt haben. Diese Festlegung hat historisch betrachtet bezüglich der Serviceorientierung zu einer starken Anlehnung an das Webservice-Framework und dessen Prinzipien wie Abstraktion, lose Kopplung und Kompositionsfähigkeit von Services geführt (Vgl. Josuttis 2009, S. 28).

3.3.3 Business Process Management (BPM)

Geschäftsprozesse sind nicht statisch, vielmehr unterliegen sie einem stetigen Wandel hinsichtlich ihrer Effizienzsteigerung, Anpassung und Neuentwicklung. Gleichzeitig bestimmen sie einen Kernbereich der SOA und dienen als Vorlage für die Service-Komposition als ihre technische Umsetzung. Das Aufkommen von BPM-Plattformen[17] mit

---

15 "beim Objektorientierten-Programmieren ein Datenmodul, entstanden durch Instanzierung einer Klasse und bestehend aus eigenen Datenstrukturen sowie einem Repertoire von Methoden, also von darauf anwendbaren Routinen bzw. Operationen; Objekte können mit anderen Objekten kommunizieren ..." (Vgl. Fischer 2008, S. 582)
16 Das Verfahren für das Auffinden von Querschnittsanforderungen wird als „crosscutting" bezeichnet.
17 Software zur Analyse, Automatisierung, Dokumentation, Modellierung und Simulation von Prozessen.

hochentwickelter Orchestrierungstechnologie unterstreicht die Rolle als Kontrollinstanz für den Entwurfs- und Implementierungsvorgang auf der technischen Seite. Das Ziel der Einführung einer hochgradig agilen Automatisierungsumgebung kann durch Abstraktion der Geschäftsprozesslogik auf die IT-Ebene abgeleitet werden und befreit dadurch die IT-Seite davon, immer wieder neue Prozesslogik bereitstellen zu müssen, indem sie auf Änderungen oder Neuerungen mit Neukompositionen der bereits vorhandenen Services reagiert (Vgl. Erl 2008, S. 114).

3.3.4 Enterprise Application Integration (EAI)

EAI-Plattformen basieren auf der Einführung einer Middleware, die es erlaubt, proprietäre Anwendungen durch Adapter, Broker und Orchestrierungsmodule in robustere und vor allem flexiblere Architekturen zu integrieren, als dies in den bis dato vorherrschenden IT-Landschaften möglich war. Dieser Vorteil ließ sich aber nur durch die Inkaufnahme notorischer Komplexität, der Festlegung auf den jeweiligen Middleware-Anbieter und einem hohen TCO[18] verwirklichen. Die Entwicklung des Webservice-Frameworks eröffnete die Möglichkeit, proprietäre Technologien durch offene Standards zu ersetzen und markierte den Wendepunkt in der Entwicklung flexibler und offener Integrations-Middleware. Damit wurden Organisationen in die komfortable Lage versetzt, ihre Abhängigkeit von den Softwareherstellern zu lockern und auf zukünftige Evolutionen der Integrationsarchitekturen besser vorbereitet zu sein. Bei (Starke et al. 2007, S. 757) heißt es: „ ... dass ein Vorgehen nach EAI-Prinzipien eine wertvolle Grundlage für die Implementierung eines Enterprise Service Bus (ESB) bildet, der wiederum hilft, eine serviceorientierte Architektur (SOA) zu gestalten". Für die Weiterentwicklung webservicebasierter SOA's waren die Broker-Komponente und das Orchestrierungsmodul nützliche Innovationen. Der Broker ermöglichte Kommunikation zwischen Services, die unterschiedlich implementierte Datenschemata des selben Datentyps verwendeten, indem er diese zur Laufzeit transformierte. Das Orchestrierungsmodul bildete die gedankliche Vorlage für die heutigen BPM-Plattformen. Insgesamt stellen die Prinzipien Abstraktion, Zustandslosigkeit, lose Kopplung und Komponierbarkeit Ableitungen der EAI-Technologie dar (Vgl. Erl 2008, S. 115).

---

18 Summe aller direkten und indirekten, budgetierbaren und nicht-budgetierbaren Soft- sowie Hardwarebetriebskosten ... (Vgl. Fischer 2008, S. 833)

4 Service

Die im letzten Kapitel bereits betonte Forderung nach technologischer Unabhängigkeit einer SOA fordert dazu auf, eine allgemeingültige Definition für den Begriff eines Service als ihre Basiskomponente zu formulieren. Den wohl allgemeinsten Ansatz hierzu findet man unter (The Free Online Dictionary 2010, S. 1) der da lautet: „Work done for others as an occupation or business. An act or a variety of work or duties for others, especially for pay".

Etwas näher an SOA angelehnt schreibt (Josuttis 2009; S. 34): „Die Hauptaufgabe eines Service besteht darin, einen »natürlichen« Abschnitt einer fachlichen Funktionalität zu repräsentieren. Aus Sicht der Domäne, für den der Service bereitgestellt wird, sollte ein Service daher eine in sich abgeschlossene Funktionalität abdecken, die einer fachlichen Funktionalität im Alltag entspricht".

Beide Sichten lassen es zu, ein anschauliches Bild zu entwerfen, in dem ein Service eine Sammlung von Fähigkeiten repräsentiert, die allesamt in einem gemeinsamen, funktionalen Kontext stehen. Der funktionale Kontext des in Abbildung 10 gezeigten Service ist beispielsweise eine Lieferung.

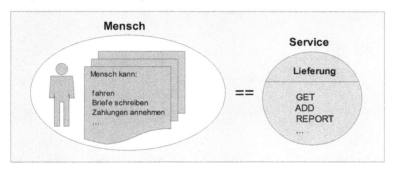

Abbildung 10: Mensch u. Service - Fähigkeiten (In Anlehnung an Erl 2008, S. 85)

In Analogie zum Menschen kann hier ein automatisierter Service ebenfalls Fähigkeiten im Zusammenhang einer Lieferung bereitstellen. Diese Fähigkeiten sind öffentlich zugänglich und in einem Servicevertrag aus technisch-fachlicher Sicht beschrieben und lassen sich von externen Programmen aufrufen (Vgl. Erl 2008, S. 85).

4.1 Klassifizierung

Der von Services in einer SOA-Landschaft zu erfüllende technische Aufgabenbereich kann sehr unterschiedlich sein, weshalb eine Kategorisierung anhand gemeinsamer Eigenschaften zur Einordnung innerhalb der Architektur dienen und Synergieeffekte nach sich ziehen kann (Vgl. Josuttis 2009, S. 81). Die Klassifizierung von Service-Bausteinen ist eine wesentliche Voraussetzung für einen effektiven SOA-Entwurf (Vgl. Krafzig 2007, S. 85). Eine inhaltliche sowie terminologisch standardisierte Kategorisierung gibt es bis dato nicht, obgleich sich die Modelle verschiedener, führender SOA-Experten stark ähneln. (Josuttis 2009) entwickelt eine fundamentale Service-Klassifizierung, die den Vorteil hat, zu verschiedenen Service-Ebenen und Ausbaustufen von SOA zu führen und zu anderen Modellen kongruent ist.

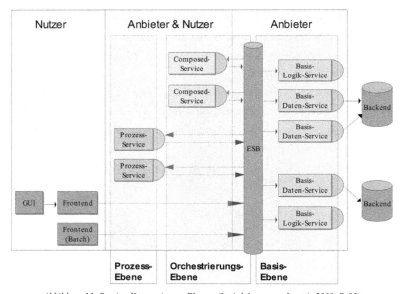

Abbildung 11: Service-Kategorien u. -Ebenen (In Anlehnung an Josuttis 2009, S. 93)

Die 3 fundamentalen Kategorien, die in den folgenden Abschnitten beschrieben werden, unterscheiden:

- Basis-Services   1. Ausbaustufe »fundamentale SOA«
- Komponierte-Services   2. Ausbaustufe »föderierte SOA«
- Prozess-Services   3. Ausbaustufe »prozessfähige SOA«

Abbildung 11 zeigt eine SOA-Landschaft in der 3. Ausbaustufe als prozessfähige SOA (Vgl. Josuttis 2009, S. 81).

4.1.1 Basis-Service

Die erste fachliche Schicht oberhalb eines Backends wird durch Basis-Services gebildet. Diese kapseln das Backend und stellen unteilbare Basisfunktionalität bereit, um Nutzern und anderen übergeordneten Services fachliche Funktionalitäten anbieten zu können (Vgl. Josuttis 2009, S. 82). Auf dieser Ebene der SOA müssen Services einen hohen Wiederverwendungsgrad aufweisen. Darum ist bei der Definition von Basis-Services unter anderem[19] darauf zu achten, möglichst elementare Funktionen zu identifizieren, die von vielen Service-Clients genutzt werden können. Eine weitere Unterteilung der Basis-Services in daten- und logikzentrierte Services fördert den serviceorientierten Entwurfsgedanken (Finger et al. 2009, S. 19). „In der Praxis besteht jedoch häufig ein fließender Übergang von einem datenzentrierten Service in einen logikzentrierten Service. Und tatsächlich haben viele Services sowohl mit Daten als auch mit Verhalten zu tun. Wir können sie also nicht als rein datenzentriert oder als rein logikzentriert einordnen ...“ (Vgl. Krafzig 2007, S. 88). Es gilt aber stets darauf zu achten, Basis-Services immer genau einem spezifischen Backend zuzuordnen (Vgl. Josuttis 2009, S. 102).

4.1.1.1 Daten-Service

Ein Daten-Service übernimmt innerhalb der SOA die gleichen Aufgaben wie die Datenzugriffsschicht einer klassischen Datenanwendung mit ihren typischen CRUD-Funktionalitäten[20] und den dazugehörigen ACID-Eigenschaften[21]. Der wesentliche Unterschied besteht darin, dass sich ein Basis-Service auf genau eine Hauptgeschäftseinheit (Entität) konzentriert und diese so kapselt, dass ein Zugriff ausschließlich mit den eigenen Methoden möglich ist. Hieraus folgt, dass eine Anwendung innerhalb einer SOA mehrere koordinierte Daten-Services für die Verarbeitung ihrer persistenten Daten erfordert (Vgl. Krafzig 2007, S. 88).

4.1.1.2 Logik-Service

Jede Anwendung benötigt für ihren Betrieb Geschäftsregeln, die zu datenbezogenen Anfragen regelkonforme Antworten liefern. Hierbei kann es sich um das Bereitstellen von Informationen zu einem Geschäftsvorfall oder lediglich um die Berechnung erforderlicher Geschäftsdaten handeln. Im ersten Fall würde dies einen lesenden Zugriff auf den Datenbestand nach sich ziehen und verdeutlicht, dass es eine fließende Grenze zwischen logik- und datenzentrierten Services geben muss. Ein signifikanter Unter-

---

19 Es sind noch viele andere, weiter unten beschriebene Prinzipien beim Entwurf der Services zu beachten.
20 CRUD ist ein Akronym aus der Informatik. Es umschreibt die grundlegenden Datenbankoperationen Create, Read, Update und Delete.
21 ACID steht für Atomizität, Konsistenz, Isolation, Dauerhaftigkeit und ist ein Anforderungsprofil an eine Transaktion, um diese von einem konsistenten in einen anderen konsistenten Zustand zu überführen.

schied ist lediglich hinsichtlich eines lesenden und eines schreibenden Datenzugriffs feststellbar, wobei Logik-Services, wenn überhaupt, dann aber ausschließlich lesend zugreifen (Vgl. Josuttis 2009, S. 84f).

4.1.2 Komponierter-Service

Die nächste Ausbaustufe einer SOA basiert auf der Kombination von Services der Basis- und Orchestrierungsschicht, der sie selbst wiederum auch zugeordnet sind. Sie ermöglichen es, kurze Folgen geschäftlicher Aktivitäten, die auf dieser Stufe der SOA als Services vorliegen, serialisiert auszuführen[22]. Im Gegensatz zu den Basis-Services, die ja genau einem Backend zugeordnet werden, können komponierte Services backend-übergreifend sein und sind es i. d. R. auch. Der Sinn erschließt sich, wenn z. B. ein Service zur Abwicklung einer Banküberweisung von dem Backend des Auftraggebers einen Geldbetrag abhebt, um diesen auf dem anderen Backend des Empfängers einzuzahlen. Dieses Beispiel verdeutlicht auch, dass komponierte Services, genau wie Daten-Services, ACID-Eigenschaften haben müssen, um im Fehlerfall Konsistenz gewährleisten zu können. Die Anwendung traditioneller Datenbanktransaktionen kann einerseits wegen der Forderung nach Zustandslosigkeit[23] und andererseits der vertikalen Ausrichtung der Basis-Services mit Backendbindung i. d. R. nicht verwendet werden. Im Fehlerfall müssen also Kompensationsmechanismen zur Verfügung stehen, die einen expliziten Storno ermöglichen (Vgl. Josuttis 2009, S. 101f).

4.1.3 Prozess-Service

Während komponierte Services kurze Workflows selbständig und unterbrechungsfrei abwickeln, werden komplette Geschäftsprozesse, bei denen es durchaus zu Unterbrechungen kommen kann, als Prozess-Services ausgeführt. Im Unterschied zu komponierten Services sind Prozess-Services zustandsbehaftet, können also Daten über mehrere Service-Aufrufe hinweg halten, sind aber hinsichtlich der verwendeten Services mit den komponierten Services identisch. Um das Erfordernis der Zustandshaltung zu verdeutlichen, bietet sich ein Online-Warenkorb als Beispiel an, der ja bekanntlich über mehrere Schritte (Service-Aufrufe) hinweg ausgewählte Waren sammeln und am Ende

---

22 (Josuttis 2009) spricht hier von einem Mini-Flow in Anlehnung an einen Workflow, der als eine vordefinierte Abfolge von Aktivitäten in einer Organisation definiert ist.

23 „Konzeptionell bezeichnet man als »zustandslosen Service« (englisch: stateless service) einen Service, bei dem zwischen zwei aufeinanderfolgenden Service-Aufrufen (bzw. Aufrufen von einzelnen Service-Operationen) kein Zustand gehalten werden muss. Nachdem der erste Service-Aufruf abgeschlossen ist, können in dem Code, der für die Service-Implementierung verantwortlich ist, alle temporär erzeugten Variablen und Objekte wieder gelöscht werden" (Vgl. Josuttis 2009, S. 235).

in eine komplette Bestellung überführen kann. Die Fähigkeit, Zustände als transiente Daten halten zu können, setzt voraus, dass entsprechende Mechanismen für dessen Verwaltung vorhanden sind. Grundsätzlich können 3 typische Konstellationen auftreten, die den physikalischen Ort der Speicherung des Zustandes bestimmen (Vgl. Josuttis 2009, S. 91f). In der folgenden Tabelle 1 werden die drei Varianten dargestellt und nachfolgend kurz erklärt.

Speicherort ⟶	1. im Frontend	2. im Service	3. im Backend
Service	zustandslos	zustandsbehaftet	zustandslos
1. Datenumfang im Frontend	gesamter Zustand	ID	ID
2. Datenumfang im Backend	-	-	gesamter Zustand
3. Multikanal-Unterstützung	nein	ja	ja

Tabelle 1: Speicherort des Zustands und Konstellation (In Anlehnung an Josuttis 2009, S. 240)

Im ersten Fall können sowohl zustandslose als auch zustandsbehaftete Services genutzt werden. Die Zustandsdaten werden transient im Frontend der Anwendung gespeichert, was den Wechsel zwischen mehreren Frontends verhindert. Datenübergaben an andere Bearbeiter im Sinne einer Multikanal-Unterstützung sind ebenfalls ausgeschlossen.

Im nächsten Fall wird der Zustand im Service selbst gehalten und muss für die Dauer der Sitzung als lokalisierbare Ressource im Speicherbereich der Anwendung gehalten werden. Ein Wechsel zwischen verschiedenen Frontends ist erlaubt und Multikanal-Funktionalität wird unterstützt.

In der letzten Variante werden die Zustandsdaten im Backend gehalten. Das ermöglicht den Einsatz beider Servicetypen und erlaubt den Wechsel zwischen verschiedenen Frontends im Sinne der Multikanal-Unterstützung (Vgl. Josuttis 2009, S. 240).

4.2 Motivation für Webservices

Im bisherigen Verlauf der Arbeit wurde darauf Wert gelegt, festzustellen, dass die technischen Aspekte einer SOA nicht ausschließlich nur durch den Einsatz von Webservices realisiert werden können. Fakt ist allerdings, dass derzeit Webservices die am häufigsten zur Umsetzung von SOA verwendete Technologie-Plattform darstellt (Vgl. Erl 2008, S. 62). Auch wenn der Trend eindeutig in Richtung Webservices weist, so sollte bei der Festlegung der Technologie zur Systemintegration immer berücksichtigt werden, dass auch Webservices nicht den endgültig letzten Stand der Entwicklung darstellen (Vgl. Josuttis 2009, S. 11). Der Grund für die exponierte Rolle von Webservices in der Reihe vieler anderer Technologien[24] erschließt sich, wenn man die Vielzahl ihrer praktisch deckungsgleichen Merkmale im Vergleich der SOA-Spezifikationen betrachtet. In diesem Zusammenhang ist das herstellerneutrale Kommunikations-Framework oder die Bereitstellung von Servicelogik über physikalisch entkoppelte, voll standardisierte Serviceverträge zu nennen, die eine Verfolgung wichtiger Prinzipien wie etwa Standardized Service Contracts, Service Reusability, Service Loose Coupling, Service Abstraction und Service Composability sicherstellen (Vgl. Erl 2008, S. 65).

4.3 Architektur von Webservices

Abbildung 12: Architektur eines Webservice (In Anlehnung an Erl 2008, S. 64)

Abbildung 12 stellt den typischen Aufbau eines Webservice dar, der durch einen physikalisch abgekoppelten, technischen Servicevertrag, vergleichbar mit einem klassischen API[25], der Logik zur Nachrichtenverarbeitung als Teil der Laufzeitumgebung und der eigentlichen Kern- oder Geschäftslogik zur Erbringung eines Dienstes (Core Service Logic) gekennzeichnet ist (Vgl. Erl 2008, S. 63).

Ein Webservice repräsentiert eine konkrete Instanz der serviceorientierten Architektur. Hierbei liefert die SOA das theoretische Fundament für die Kommunikation lose gekoppelter Softwarekomponenten verteilter Anwendungen im Netz (s. Kapitel 2.4 Abb.: 9).

„Die konkrete Umsetzung dieser konzeptionellen Sicht auf die Funktionsweise einer serviceorientierten Architektur findet sich im Aufbau von Webservices wieder" (Vgl. Krcmar 2005, S. 275) und wird durch den Einsatz verschiedener, standardisierter Technologien realisiert. Die wichtigsten dieser Standards werden nachfolgend kurz dargestellt.

---

24 Technologien, wie z. B. EAI-Werkzeuge, Web Services, CORBA, J2EE oder DCOM/.NET. Die verschiedenen technologischen Ansätze, sowie die verfügbaren Werkzeuge unterstützen die Umsetzung einer SOA unterschiedlich stark (Vgl. Richter 2005, S. 2).

25 „Application Programming Interface; Anwendungsprogrammier-Schnittstelle, welche die Menge aller zulässigen Systemaufrufe der "anprogrammierten" Instanz ... beschreibt; die API gibt detailliert an, wie ein ... Dienstaufruf an diese Instanz zu programmieren und zu verwenden ist." (Vgl. Fischer 2008, S. 42)

4.4 Standardisierte Webservice-Technologien

Die Bereitstellung bestimmter Funktionalität zur Nutzung durch Clients innerhalb eines Netzwerkes als Webservice basiert auf dem Einsatz bewährter Netzwerk-Technologie-Standards. Hierbei diente das weitverbreitete Transportprotokoll HTTP und die erweiterbare Beschreibungssprache XML als Entwicklungsgrundlage zur Realisierung spezialisierter SOA-Anforderungen.

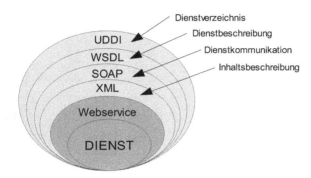

Abbildung 13: Zwiebelschalenmodell der Webservice-Architektur (In Anlehnung an Krcmar 2005, S. 276)

4.4.1 SOAP

Der Aufruf entfernter, von Services bereitgestellter Methoden[26] , wird durch das Protokoll SOAP auf der Basis von XML-Nachrichten und der Nutzung von HTTP für den Transport bewerkstelligt. Die Verwendung von HTTP als Transportprotokoll erschließt sich aus der Tatsache, dass dieser Übertragungsweg bei fast allen Organisationen auf Grund bereits vorhandener Web-Anwendungen offen liegt. SOAP eignet sich besonders gut für nachrichtenbasierte Methodenaufrufe und die Beantwortung der an die Dienste gestellten Anfragen und ermöglicht damit die lose Kopplung verteilter Software-Komponenten (Vgl. Krcmar 2005, S. 275).

Die Verwendung standardisierter Protokolle sichert dabei Plattformunabhängigkeit und die Chance, Anwendungen auch außerhalb der eigenen Infrastruktur nutzen und bereitstellen zu können.

---

26 „Remote Procedure Call - Entfernter Unter-Programm-Aufruf über den eigenen Adressenraum hinaus; von Sun Microsystems entwickelte, synchrone, auftragsorientierte Kommunikation zwischen Systemen bzw. deren Komponenten; diese "sehen sich" als Teile eines homogenen, geschlossenen Systems; Ruf des Klienten nach einer in den Server ausgelagerten Prozedur." (Vgl. Fischer 2008, S. 699)

4.4.2 WSDL

Zur Regelung plattformunabhängiger Kommunikation zweier Endpunkte ist eine Spezi-
fikation in Form eines Service-Vertrags erforderlich, der technische Informationen über
die Schnittstelle und die Semantik des angebotenen Dienstes bereithält (Vgl. Krcmar
2005, S. 275). Hierfür wird ein XML-Dokument im Format der vom W3C standardisierten Web-Service-Description-Language (WSDL) angelegt, in dem die zu veröffentlichenden Funktionen, Daten, Datentypen und Austauschprotokolle des Service beschrieben werden (Vgl. Fischer 2008, S. 944).

4.4.3 UDDI

Mit den oben beschriebenen Standards ist es nun möglich, Informationen über Webservices einzuholen, um deren Dienste nutzen zu können. Das setzt allerdings voraus, dass
die benötigten Services auch auffindbar sind. Im Kontext einer SOA besteht u. a. oftmals die Anforderung, Services bei Bedarf dynamisch einbinden zu können. Für diese
Vermittlungsaufgabe auf der Grundlage einer reinen Maschine-zu-Maschine Kommunikation (Vgl. Zeppenfeld 2009, S. 46) wurde der Verzeichnisdienst UDDI[27] als Service-
Broker entwickelt. Der UDDI-Standard verwendet zum einen eine durchsuchbare Datenbank, die alle erforderlichen Informationen über verfügbare Webservices und Ver-
weise auf die entsprechenden WSDL-Dokumente enthält und zum anderen Auskunft darüber erteilt, wie diese Datenbank zu durchsuchen bzw. für die Registrierung eines neu
zu veröffentlichenden Services zu manipulieren ist (Vgl. Krcmar 2005, S. 275).

4.4.4 Sicherheitsspezifikationen

Die bis hierher beschriebenen Basis-Technologien ermöglichen die Umsetzung bereits
vieler Szenarien innerhalb einer SOA. Einen wichtigen Aspekt, der einer Einführung
von SOA in Organisationen und Unternehmen bis vor wenigen Jahren jedoch im Wege
stand, stellten die nur unzureichend beantworteten Fragen für einen sicheren Betrieb
dar. Webservice-Technologien der ersten Generation verfügten praktisch über keinerlei
Sicherheitsstandards und hatten das Potential, durch nur kleine, unbedachte Handlung-
en möglichen Angreifern Tür und Tor zu öffnen (Vgl. Melzer 2009, S. 188). Diesem
Umstand wurde in einer Initiative großer Software-Unternehmen[28] Rechnung getragen,

---

27 „Universal Description, Discovery and Integration; Verzeichnis für Webdienste, bestehend aus drei
    Eintragungen: a) Kontaktinformationen über den Entwickler, b) Informationen über Kategorie, Bran-
    che und Ort des Dienstes, c) eine WSDL-Beschreibung und Aktivierungsinformationen; Ziel ist eine
    Art Branchenbuch der Webdienste; (...)" (Vgl. Fischer 2008, S. 869)
28 BEA, IBM, Microsoft, SAP, SUN, Oracle, Verisign u.v.a.

indem sie die verwendeten Protokolle durch entsprechende Sicherheitsmechanismen erweiterten. Tabelle 2 zeigt, welche Sicherheitsanforderungen im Zusammenhang einer Enterprise-SOA zu erfüllen sind.

Sicherheitsaspekt	Kurzbeschreibung
Vertraulichkeit	Eine Nachricht soll ausschließlich für den jeweils adressierten Empfänger lesbar sein.
Berechtigung	Ein Dienstanforderer muss auch zur Nutzung des angeforderten Dienstes berechtigt sein.
(Daten-)Konsistenz	Eine versandte Nachricht muss ohne Modifikationen beim Empfänger eintreffen.
Glaubwürdigkeit	Eine Nachricht muss nachprüfbar durch den vermeintlichen Sender erstellt worden sein. Insbesondere darf es einem potenziellen Eindringling nicht möglich sein, eine andere Identität vorzutäuschen.
Verbindlichkeit	Der Sender soll im Nachhinein die Urheberschaft einer durch ihn erstellten Nachricht nicht leugnen können.

Tabelle 2: Sicherheitsanforderungen (Vgl. Melzer 2009, S. 189)

Die in diesem Zusammenhang entwickelten Technologie-Spezifikationen wurden an die OASIS[29] übergeben und werden dort unter dem gemeinsamen Präfix „WS*-" als WS-Security, WS-Coordination, WS-AtomicTransaction, WS-BusinessActivity, WS-ReliableMessaging, WS-Addressing, WS-Inspection, WS-Policy und WS-Eventing gepflegt.

5   Zwischenfazit und Vorschau

Die Ausführungen des vorangegangenen Abschnitts und insbesondere das Kapitel 4 „Service", das die Architektur als klar strukturiertes Beziehungsgeflecht von Service-Kategorien unterschiedlicher Ebenen beschreibt, haben gezeigt, dass eine erfolgreiche, Wert mehrende Einführung einer SOA maßgeblich von der Qualität ihrer Services und hier speziell der Basis-Services abhängig ist.

Im weiteren Verlauf der Arbeit soll es darum gehen, die Qualität von Services als deren Merkmale zu differenzieren und so zu spezifizieren, dass das jeweils zu erzeugende Merkmal allein durch die Einhaltung von Entwurfs-Prinzipien entsteht oder zumindest die Voraussetzung dafür optimiert wird. In Kapitel 6 wird der Blick zunächst auf den Entwurf, dessen Komplexität und die Gesamtheit der z. Z. diskutierten Prinzipien gerichtet, um dann der dieser Arbeit zugrundeliegenden Fragestellung nach den Möglichkeiten zur Beeinflussung des Grades der Wiederverwendbarkeit, im Rahmen des the-

---

29 „Organization for the Advancement of Structured Information Standards; Gremium aus über 150 Unternehmungen zum Erlass einheitlicher Spezifikationen für den webbasierten Handel ..." (Vgl. Fischer 2008, S. 581)

oretischen Konzepts, zunächst literarisch und anschließend empirisch näher zu kommen.

An dieser Stelle sei darauf hingewiesen, dass Wiederverwendung kein Dogma dahingehend darstellt, dass ein Service ausschließlich dann seine Berechtigung hat, wenn er wiederverwendbar ist, sondern lediglich ein anzustrebendes Merkmal zur Erhöhung seines Wertes ist. In der Praxis ist eine Abweichung von theoretischen Prinzipien oftmals aus unterschiedlichsten Gründen, wie z. B. der Abwägung von Kosten und tatsächlichem Nutzen oder der Performance notwendig (Vgl. Josuttis 2009, S. 208), steht aber nicht im Kontrast zu der grundsätzlichen Forderung, Wiederverwendbarkeit möglichst zu erzeugen.

6 Service-Entwurf

Der Begriff (Service-) Entwurf, in seiner Bedeutung einer Tätigkeit zur Erzeugung etwas Neuem, impliziert die Anwendung von Kreativität nicht in seiner klassisch ursprünglichen Bedeutung als Ursache persönlich geistiger Schöpfungen, im Sinne von Kunst und Genialität, sondern als Fähigkeit, neue Problemstellungen durch die Anwendung erworbener Fähigkeiten zu lösen.

Dieser gedankliche Ansatz fordert dazu auf, die bereits im einleitenden Kapitel 1.1 beschriebene *„Abhängigkeit der Produktion hochwertiger Services von glücklichen Umständen"* durch die Befähigung der Beteiligten und der dafür notwendigen Festlegung generalisierter Vorgehensweisen zu beseitigen.

Im Kontext dieser Arbeit stellt sich also die Aufgabe, all die Fähigkeiten zu isolieren, die zur Erzeugung neuer, *„hochwertiger"* Lösungslogik im Sinne eines planbar, kontrollierten Entwurfsprozesses dienen. *„Hochwertigkeit"* in Bezug auf Lösungslogik lässt keinen Rückschluss auf die Güte ganz bestimmter, immer gleicher Merkmale einer neuen Lösungslogik zu. Je nachdem, welche Aufgabe eine Logik zu erfüllen hat, obliegt es dem Entwerfer und den ihm an die Hand gegebenen Prinzipien[30] genau die Merkmale zu entwickeln, die zur Realisierung ganz bestimmter Attribute oder Kennzeichen führen (Vgl. Erl 2008, S. 40).

---

30 „Im Zusammenhang mit der Erstellung von Lösungen ist ein Entwurfsprinzip eine empfohlene Richtlinie (…), dass ein oder mehrere Entwurfsmerkmale (...) umgesetzt werden sollen." (Vgl. Erl 2008, S. 41)

6.1 Governance

Eine allgemeingültige Definition des Begriffs Governance liefert Anne Thomas Manes auf der OOP 2007[31] mit den einfachen Worten: *„making sure that people do what's right"*. Sie konkretisiert ihre Aussage in Bezug auf SOA-Governance dahingehend, *„die Entwicklung und Lauffähigkeit von Software zu steuern"* und unterstreicht damit, wie wichtig es ist, Richtlinien zu definieren, die den Einsatz von Ressourcen im Sinne der strategischen Ziele von Unternehmen regeln (Vgl. Josuttis 2009, S. 324).

Für die Durchsetzung dieser speziell für SOA festgelegten Regeln schlägt Manes vier erforderliche Bestandteile einer SOA-Governance vor:

Bestandteil	Beschreibung
Richtlinien (Policies)	Definiert, wie ein anzustrebendes Ziel zu erreichen ist.
Prozesse	Zur Durchsetzung der Richtlinien.
Metriken	Zur Visualisierung und Verifizierung von Richtlinien.
Organisation	Muss die notwendige Kultur zur Unterstützung der Governance pflegen

Tabelle 3: Bestandteile einer SOA-Governance (In Anlehnung an Josuttis 2009, S. 325)

(Erl 2008) begründet die Notwendigkeit einer SOA-Governance damit, dass SOA automatisch und durchaus gewollt nach sich ziehen kann, dass die Verwaltung und Weiterentwicklung einer im Idealfall mächtigen Reserve standardisierter und wiederverwendbarer Lösungslogik im Laufe ihres Lebenszyklus verschiedenen Projektteams zugeordnet sein kann. Auf Grund solch tiefgreifender Veränderungen der Organisationsstruktur ganzer IT-Abteilungen empfiehlt er, tradierte Verfahren durch eine spezielle Governance-Struktur zu ersetzen, was dazu führen kann, dass völlig neue Ressourcen, Rollen, Prozesse, Gruppen und sogar neue Abteilungen erforderlich werden (Vgl. Erl 2008 , S. 103f).

6.2 Service-Lifecycle

Services stellen fachliche Anforderungen als programmierte Software bereit und haben genau wie jede andere Software einen Lebenszyklus, der sich im Wesentlichen mit den Phasen Identifikation, Design, Implementierung, Integration und Betrieb beschreiben lässt und in Abbildung 14 verdeutlicht wird.

---

31 Als eines der größten Software-Events Europas informiert die OOP umfassend über das gesamte Spektrum modernen Software-Engineerings.

27

Der Beginn jeder Neuentwicklung wird durch die Identifikation[32] eines Service initiiert. Verfahren zur Identifikation sind i. d. R. unternehmensweit definiert und haben entscheidenden Einfluss auf die endgültige Qualität des zu erstellenden Service, weshalb im folgenden Kapitel am Beispiel der ARIS-Platform[33] näher darauf eingegangen wird.

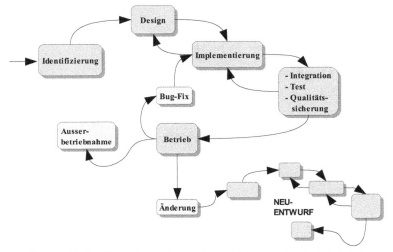

Abbildung 14: Kompletter Lifecycle eines Service (In Anlehnung an Josuttis 2009, S. 175)

Das Ergebnis einer Identifikation enthält eine Auflistung aller vom Service zu erfüllenden Aufgaben und dient dem IT-Experten als Vorlage für das technische Design der Service-Schnittstelle und des Vertrags. Das Design wiederum ist der Ausgangspunkt für eine iterative, programmtechnische Implementierung, die solange andauert, bis sie dem zu diesem Zeitpunkt[34] definierten Design entspricht. Anschließend wird der neu erstellte Service für die Qualitätssicherung in eine Testumgebung integriert und solange iterativ modifiziert, bis er „endgültig" für den Betrieb freigegeben werden kann.

Im Verlauf des Betriebs von Services können Änderung erforderlich werden. Hier ist es wichtig zu differenzieren, um welche Art Änderung es sich handelt. Änderungen der Implementierung, also des unsichtbaren, programmtechnischen Teils können immer

---

32 In der klassischen Softwareentwicklung eher als Analyse bezeichnet.

33 „Die 'ARIS Platform' stellt integrierte Softwareprodukte zur Verfügung, die Unternehmen bei der kontinuierlichen Verbesserung ihrer Geschäftsprozesse unterstützen. (...) von der Strategiedefinition über das Prozessdesign und die Überführung der Modelle in die IT, (...)" (Vgl. IDS Scheer AG 2009, ARIS Platform)

34 Es ist zu bemerken, dass Änderungen des Designs auch während der Integrationsphase nötig werden können und somit die vorangegangenen Phasen zu wiederholen sind. (Vgl. Josuttis 2009, S.172)

dann als Bug-Fix bereitgestellt werden, wenn der ursprüngliche Vertrag unverändert bleibt, also bereits konsumierende Prozesse ohne Anpassung weiterhin lauffähig bleiben. Wenn Änderungen die Schnittstelle oder den ursprünglichen Vertrag berühren, ist es erforderlich, eine Neuentwicklung unter Verwendung festgelegter Versionierungsregeln einzuleiten. Das endgültige Ende und damit die Außerbetriebnahme eines Service ist nur dann sinnvoll, wenn es keine aktuellen und voraussehbaren Konsumenten mehr für ihn gibt. Eine endgültige Streichung aus dem Service-Portfolio muss strengen Regeln unterliegen, kann aber zur Verbesserung der Übersichtlichkeit dienlich sein (Vgl. Josuttis 2009, S.172ff).

6.3 Service-Identifikation

Die technische Umsetzung von Geschäftsprozessen erfolgt durch Auswahl und Kombination von Services. Dabei steht der Geschäftsprozess und somit das Business am Anfang jeder Neuentwicklung. Für die Identifikation der erforderlichen Services gibt es verschiedene Verfahren. Das *„Top Down-Bottom Up"* Verfahren ist eines der weitestverbreiteten und wird von der ARIS-Platform, wie in Abbildung 15 gezeigt, unterstützt.

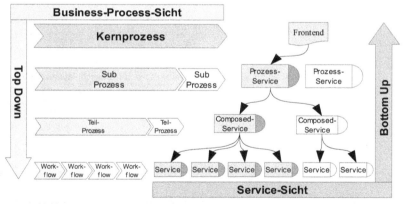

Abbildung 15: Business-Process-Modeling und Service-Identifikation (Eigene Darstellung)

Ein anfänglicher Kernprozess wird hierbei in immer kleinere Teilprozesse soweit dekomponiert, bis eine Ebene den realen Workflow[35] widerspiegelt und eine Granularität erreicht hat, dass jeder Schritt dieser Ebene durch einen, im Idealfall bereits vorhandenen Service technisch umgesetzt werden kann. Die Identifikation fehlender, also im Portfolio noch nicht vorgehaltener Services, initiieren anhand spezifizierter Anforde-

---

35 Ein Geschäftsprozess beschreibt, was passieren muss. Ein Workflow beschreibt, wie es zu geschehen hat und ist dabei bereits sehr detailliert. (Vgl. Josuttis 2009, S. 104)

rungsbeschreibungen den Prozess einer Neuentwicklung. Im Anschluss der Komplet-
tierung aller benötigten Basis-Services können dann alle Ebenen des Geschäftsprozesses
in umgekehrte Richtung durch Komposition der identifizierten Services abgebildet werden und stellen somit die softwareseitige Realisierung des Geschäftsprozesses dar.

6.4 Entwurfsprinzipien im Überblick

Die im einleitenden Kapitel 6 angesprochenen Entwurfsprinzipien, deren konsequente
Anwendung den Designer dazu befähigen sollen, wertsteigernde Merkmale von Services zu realisieren, werden in den nachfolgenden Unterkapiteln allesamt im Überblick
beschrieben und entsprechen in ihrer inhaltlichen Aussage im Wesentlichen der bahn-
brechenden Forschungsarbeit von Thomas Erl[36], der als erster und bis dato auch einziger
Fachautor versucht hat, dieses Thema auf wissenschaftliche Beine zu stellen. Er fordert,
dass Services, die der Steigerung des Anlagevermögens von Unternehmen dienen und
Synergieeffekte innerhalb des Systems nach sich ziehen sollen, mehr oder weniger, je
nach Einsatzgebiet, die in Tabelle 4 gelisteten Merkmale aufweisen müssen. Gleichzeitig gibt er uns mit seinen *„Principles of Service Design"* eine Sammlung von Hand-
lungsanweisungen an die Hand, die zur Erzeugung jedes dieser Merkmale dienen kann.

	Entwurfsmerkmal
1	konsistentere Darstellung von Funktionalität und Daten
2	geringere Abhängigkeit zwischen einzelnen Einheiten der Lösungslogik
3	besseres Verbergen der zugrunde liegenden Entwurfs- und Implementierungsdetails
4	mehr Möglichkeiten, dieselbe Lösungslogik für mehrere Zwecke einzusetzen
5	Kombination von Einheiten der Lösungslogik zu verschiedenen Konfigurationen
6	berechenbareres Verhalten
7	bessere Verfügbarkeit und Skalierbarkeit
8	stärkeres Bewusstsein für bereits vorhandene Lösungslogik

Tabelle 4: Acht wertsteigernde Entwurfsmerkmale (In Anlehnung an Erl 2008, S. 97)

Größten Wert legt (Erl 2008) auf die Erzeugung agnostischer Lösungslogik, also dem
strengen Entwurfsgedanken folgend, Funktionalitäten so zu kapseln, dass diese nicht für
eine konkrete Anwendung oder einen Geschäftsprozess spezifisch sind. Die daraus resultierende Erhöhung des agnostischen Serviceanteils und damit wiederverwendbarer
IT-Assets würde helfen, den Anteil anwendungsspezifischer Logik zu senken und so

---

36 Thomas Erl is the world's topselling SOA author (...) have been formally endorsed by senior members
of major software organizations, such as IBM, Microsoft, Oracle, Sun, Intel, SAP, CISCO, and HP.
(...) Two of his five books, (...) SOA Principles of Service Design, (...) have contributed to the definition of the service-oriented architectural model and service orientation as a distinct paradigm.

den Aufbau eines Service-Inventars fördern, auf dessen komponierte Basis-Services neue Anwendungen erzeugt und alte Siloanwendungen ersetzt werden könnten. Komposition bereits vorhandener und evtl. bereits verwendeter Services setzt Wiederverwendung voraus und reduziert automatisch und linear die Gesamtmenge unternehmensweiter Lösungslogik in dem Maße, wie sich ein Unternehmen ein standardisiertes Service-Inventar aus so normalisierten Services erstellt.

Die konsequente Implementierung oben postulierter Service-Merkmale erzeugt schon auf natürliche Weise Kompatibilität innerhalb des eigenen Systems und verbessert sogar durch Standardisierung der zugrundeliegenden Serviceverträge und Datenmodelle die Interoperabilität über Systemgrenzen hinaus (Vgl. Erl 2008, S. 97ff).

6.4.1 Standardisierter Service-Vertrag

Der Sinn und Zweck eines Service wird durch seinen Vertrag zum Ausdruck gebracht. Er stellt den grundlegendsten Teil der Serviceorientierung dar, weil er hinsichtlich der in Art und Menge zu veröffentlichenden Inhalte die Richtung für den gesamten weiteren Entwurf bestimmt. Besondere Aufmerksamkeit ist hierbei der Benennung von Funktionen, der verwendeten Datentypen und der Definition von Richtlinien zu schenken.

	Beschreibung	Zusatz	
Service-Merkmal	Ein Servicevertrag zur Beschreibung seiner technischen Schnittstelle und seiner Semantik wird dem Service mitgeliefert.	Das Format des Vertrags als Summe aller zugehörigen Dokumente ist unternehmensweit standardisiert.	
Einzelan-forde-rungen	2 Ebenen der Standardisierung für die Informationsinhalte sind zu unterscheiden.	Funktionsausdruck	Datenrepräsentation
		Namenskonvention	*Datenmodell*
	1 Gesamtvertrag wird geliefert.	Die Summe aller Dokumente ergibt den gesamten Service-Vertrag.	
	Datenformate sind im technischen Vertrag definiert.	Es werden ausschließlich systemübergreifend gültige Formate auf unterster Datenebene verwendet, um eine hohe Interoperabilität zu gewährleisten.	
	Konsistenz des verwendeten Datenmodells erhalten.	Nur in wichtigen Ausnahmefällen kann eine Abweichung vom Standard möglich sein.	
	Beschreibungen sind hochgradig generisch.	Generische Vertragsdetails verbessern die lose Kopplung, weil dadurch die Abhängigkeit zwischen Consumer-Programm und Service bereits auf die Ebene des Vertrags verlagert wird.	

Tabelle 5: Entwurfsprinzip - Standardisierter Service-Vertrag (Vgl. Erl 2008, S. 139ff)

6.4.2 Lose Kopplung

Alle beteiligten Komponenten einer SOA sollten möglichst lose gekoppelt sein. Dabei ist besonderes Augenmerk auf die Kopplung des Servicevertrags mit seinen Consumern als auch mit seiner eigenen Implementierung zu legen. Der Grad der Kopplung ist in diesem Zusammenhang mit dem Maß der Abhängigkeit zwischen den Komponenten gleichzusetzen.

	Beschreibung	Zusatz
Service-Merkmal	Ein von der Logik seiner Umgebung unabhängiger funktionaler Servicekontext.	Dies erhöht das Potenzial, Services und ihre Consumer anpassen und entwickeln zu können, ohne sich gegenseitig zu beeinflussen.
Einzelanforderungen	Der Servicevertrag ist idealerweise unabhängig von der Technologie.	Verwendung offener Standards wie z. B. XML können das unterstützen.
	Die Implementierung ist eng an den Vertrag gekoppelt.	Unterstützt das Prinzip der Standardisierung.
	Abhängigkeiten der Funktionalitäten innerhalb des Service werden vermieden.	Wiederverwendung von Services kann diese Art der Kopplung vermeiden.
	Der Servicevertrag ist von seiner Implementierung entkoppelt.	Verhindert indirekte Kopplung der Consumer an die Implementierungsdetails.
	Der Servicevertrag ist zentralisiert und stellt somit den (einzigen) Einstiegspunkt dar.	Verhindert eine direkte Kopplung des Consumers mit der Implementierung.

Tabelle 6: Entwurfsprinzip - Kopplung von Services (Vgl. Erl 2008, S. 175ff)

6.4.3 Abstraktion

Servicedetails, die für das Konsumieren öffentlicher Funktionen keine direkte Relevanz haben, sind privat zu implementieren und werden im Vertrag nicht beschrieben. Das garantiert die Möglichkeit einer jederzeitigen Weiterentwicklung und den reibungslosen Betrieb eines bereits produktiv arbeitenden Service.

	Beschreibung			Zusatz
Service-Merkmal	Private Informationen über Technologie, Logik und Funktionen werden von Services konsistent vor der Umgebung verborgen.			Verträge definieren präzise und standardisiert nur die Anforderungen und Einschränkungen, die für die Interaktion und anderer Metadaten erforderlich sind.
Einzelanforderungen	4 Typen der Metainformationen	1. technologische ...	verbergen	Programmiersprache, Systemressourcen
			veröffentl.	erforderliche Programmaufruf-Technologie, Programm-Interaktions-Technologie
		2. funktionale ...	verbergen	irrelevante generische Funktionen der API (Klassenbibliotheken)
			veröffentl.	relevante generische Funktionen der API (Klassenbibliotheken), die dem Consumer nützen.

Beschreibung			Zusatz
	3. programm-logische ...	verbergen	Algorithmen, Ausnahmebehandlung, Protokollroutinen ... weitere, die konstruktionsbedingte Logik darstellen.
		veröffentl.	consumerrelevante Funktionen, die den eigentlich Hintergrund des Dienstes ausmachen.
	4. qualitative ...	verbergen	Fehlerloginformationen zu Systemfehlerereignisssen.
		veröffentl.	Qualitätsmerkmale, die für den Consumerprogramm-Designer erforderlich sind. Z. B. Schwellwerte, Beschränkungen, Geschäftsregeln ...

Tabelle 7: Entwurfsprinzip - Abstraktion von Services (Vgl. Erl 2008, S. 219ff)

6.4.4 Autonomie

Die Zuverlässigkeit, Berechenbarkeit und Performance von Services wird dadurch verbessert, wenn sie ihre zugrunde liegende Logik und Laufzeitressourcen besser kontrollieren können und stellt gleichzeitig eine Erhöhung ihrer Autonomie dar. Das Ziel, ein Inventar unabhängiger Services anzulegen, wird dabei hinsichtlich des Entwurfsaspektes aus zwei unterschiedlichen Richtungen verfolgt.

			Beschreibung	Zusatz
Service-Merkmal			Der Servicevertrag hat eine wohldefinierte Funktionsgrenze.	Es gibt keine Überschneidungen mit den Funktionen anderer Services.
Einzelanforderungen	2 Formen der Autonomie	Laufzeitautonomie	Grad der Kontrolle, die der Service auf die Ausführungsumgebung ausübt, verringern.	Konsistenz der Laufzeit-Performance sicherstellen.
				Zuverlässigkeit zur Laufzeit erhöhen.
				Isolierte Anpassbarkeit der Sicherheitsaspekte ermöglichen.
				Nebenläufigen Zugriff berechenbar machen.
		Entwurfszeitautonomie	Grad der Kontrolle, die der Service-Owner über den Entwurf ausübt, erhöhen.	Skalierbarkeit bei erhöhter Nutzung ermöglichen.
				Änderbarkeit der Host-Umgebung ermöglichen.
				Möglichkeit zur Technologie-Änderung oder Verbesserung im Falle technischer Innovationen.

Tabelle 8: Entwurfsprinzip - Autonomie von Services (Vgl. Erl 2008, S. 299ff)

6.4.5 Zustandslosigkeit

Aktivitätsspezifische Daten repräsentieren den Zustand eines Service und wachsen linear mit der Komplexität von Kompositionen und der Anzahl ihrer gleichzeitig verwendeten Instanzen. Delegation bzw. Verschiebung dieses Zustands in dedizierte Datenbanken oder auf die Nachrichtenebene erhöhen den Grad der Zustandslosigkeit und schonen gleichzeitig die Systemressourcen der gesamten Infrastruktur.

			Beschreibung	Zusatz
Service-Merkmal			Der Service ist so wenig zustandsbehaftet wie eben möglich.	Agnostische Geschäftsprozesslogik und ein für den Austausch zustandsenthaltender Nachrichten breit angelegter Servicevertrag unterstützen die Zustandslosigkeit des Service.
Einzelan-forde-rungen	5 Kategorien der Zustandslosigkeit Verwendung einer Datenbank als Auslage-rungsort	1. Nicht verschobene Zustandsverwaltung		„Ein Service mit nicht verschobener Zustandsverwaltung bleibt über die ganze Dauer seiner Beteiligung an einer Serviceaktivität zustandsbehaftet."
		2. Teilweise Verschiebung der Datenspeicherung		„Mit der Fähigkeit, seine Zustandsdaten zum Teil anderenorts abzuladen, bleibt ein Service mit teilweiser Zustandsverschiebung aktiv und zustandsbehaftet, belegt aber weniger Speicher."
		3. Verschiebung der Zustandsverwaltung		„Durch teilweise Zustandsverschiebung kann der Service zu bestimmten Zeiten in einen zustandslosen Modus übergehen."
		4. Vollständig Verschiebung der Zustandsverwaltung		„Ein Service mit vollständig verschobener Zustandsverwaltung nutzt alle Möglichkeiten, zustandslos zu bleiben. Selbst wenn er zustandsbehaftet ist, verschiebt er seine Zustandsdaten, wann immer es möglich ist."
		5. Intern verschobene und vollständige Zustands-verwaltung		Die Zustandsverschiebung erfolgt nicht über die Architektur (Datenbank), sondern über die interne Verwendung einer dedizierten Datenbank.
	Verwendung von Nachrichten als Träger von Zustandsdaten.			Nachrichten können so entworfen sein, dass Zustandsdaten über die gesamte Serviceaktivität erhalten bleiben. SOAP-Header, SOAP-Attachments oder Teile des SOAP-Bodys sind hierfür geeignete Stellen.

Tabelle 9: Entwurfsprinzip - Zustandslosigkeit von Services (Vgl. Erl 2008, S. 329ff)

6.4.6 Auffindbarkeit

Wiederverwendung und damit Redundanzvermeidung innerhalb des Servicesinventars setzt voraus, dass Services auffindbar sind und ihre Funktionalität auch verstanden werden kann. Der Grad der Auffindbarkeit ist dabei von der standardisierten Beschreibung des Zwecks und der Fähigkeiten des Service abhängig. Das Maß seiner Interpretierbarkeit wiederum hängt von der Qualität der Formulierung dieser Beschreibung ab.

		Beschreibung	Zusatz
Service-Merkmal		Der Servicevertrag enthält Metainformationen zum Auffinden und Interpretieren seiner Funktionen.	Beides ist sowohl für den Menschen zur Entwurfszeit als auch von automatisierten Discovery-Abfragen zur Laufzeit verständlich formuliert.
Einzelanforderungen	2 Formen der Discovery berücksichtigen.	1. Entwurfszeit-Discovery	Zentrale Discovery in Form von Service-Registrierungseintrag oder Service-Vertragsdokument für das Auffinden und Interpretieren des Service unterstützen.
		2. Laufzeit-Discovery	Programmschnittstellen in UDDI für die Serviceregistrierungen nutzen, um Programme und Services zu erstellen, die dynamische Discovery-Abfragen zur Laufzeit unterstützen.
	Metainformationen standardisieren in Bezug auf:		Welche Informationen verwendet werden.
			Wie und wann Kommentare in den Verträgen ergänzt werden müssen.
	2 Arten von Metainformationen unterscheiden.	1. Auffindbarkeit	Fähigkeiten klar und passend und nach Konventionen bezeichnen.
			Zweck und Fähigkeiten im Vertrag konsistent beschreiben.
		2. Interpretierbarkeit	Verhaltensmerkmale, Schwellenwerte und Policies zum Bewerten und Filtern beschreiben.

Tabelle 10: Entwurfsprinzip - Auffindbarkeit von Services (Vgl. Erl 2008, S. 363ff)

6.4.7 Kompositionsfähigkeit

Komposition ist eine Form der Wiederverwendung von Services. Kompositionsfähigkeit hängt somit eng mit der Wiederverwendbarkeit von Services zusammen und soll sicherstellen, dass Services als wirksame Mitglieder an mehreren Kompositionen beteiligt sein können. Welchen Grad der Kompositionsfähigkeit ein Service erreicht wird direkt oder indirekt von allen anderen Prinzipien der Serviceorientierung beeinflusst.

	Beschreibung	Zusatz
Service-Merkmal	Der Service ist hochgradig kompositionsfähig, auch wenn es keine unmittelbaren Kompositionsanforderungen gibt.	Services sind hinsichtlich ihrer primären Rolle als Controller oder Kompositionsmitglieder zu unterscheiden.

Einzelanforderungen	2 Rollen	1. Service als Controller		Logik beschränkt sich auf eine einzelne Geschäftsaufgabe und die Ansteuerung der Kompositionsmitglieder.
				Merkmale des Task-Servicemodells werden weitestgehend realisiert.
				Wiederverwendung steht im Hintergrund, ist aber u. U. zu ermöglichen.
				Zustandslosigkeit kann ggf. gering sein.
		2. Service als Kompositionsmitglied		Effizienz der Ausführungsumgebung bzgl. nebenläufiger Zugriffe und der Funktionsimplementierung steigern.
				Flexibler Servicevertrag hstl. Datenaustausch ähnlicher Funktionen. Granularitätsunterschiede der selben Daten berücksichtigen.
				Laufzeitverarbeitung optimieren.
	Hohe Abhängigkeiten zu anderen Prinzipien	Entwurfszeit	Standardisierter Servicevertrag	Hohe Standardisierung der Serviceverträge von Kompositionsmitgliedern vermindert die Anzahl notwendiger Nachrichtentransformation und verringert die Komplexität des Entwurfs insgesamt.
			Wiederverwendbarkeit	„Je wiederverwendbarer die Logik eines Service ist, umso häufiger kann er an Kompositionen teilnehmen."
		Laufzeit	Standardisierter Servicevertrag	Die Laufzeit-Performance von Servicekompositionen steigt drastisch, weil Datenkonvertierungen überflüssig werden.
			Autonomie	Hohe Performance und Zuverlässigkeit zur Laufzeit sind Auswirkung hoher Kontrolle über die Ausführungsumgebung und steigern die Effizienz innerhalb einer Komposition.
			Zustandslosigkeit	Zuverlässigkeit und Berechenbarkeit des Verhaltens einer Komposition wird gesteigert, wenn ein Service so viel Zeit wie möglich zustandslos verbringt, weil er besser verfügbar und zugänglicher ist.

Tabelle 11: Entwurfsprinzip - Kompositionsfähigkeit von Services (Vgl. Erl 2008, S. 387ff)

6.4.8 Wiederverwendbarkeit

Wiederverwendbarkeit ist das Potenzial eines Service, wiederholt eingesetzt werden zu können. Wiederverwendung ist die tatsächlich wiederholte Nutzung eines Service. Der Wert eines Service wächst oder fällt mit dem Grad seiner Wiederverwendbarkeit. Je mehr wiederverwendbare Services in einem Serviceinventar enthalten sind, desto näher kommt ein Unternehmen dem Ziel, seine SOA umfänglich einführen und damit strategische Ziele erreichen zu können.

	Beschreibung	Zusatz
Service-Merkmal	Der Servicevertrag ist generisch, erweiterungsfähig und hochflexibel. Die gekapselte Servicelogik ist hochgradig agnostisch und generisch.	Viele Einsatzzwecke unterschiedlicher Typen von Service-Consumern werden unterstützt. Unterschiedliche Ein- und Ausgabenachrichten können verarbeitet werden. Nebenläufiger Zugriff mehrerer Consumer wird gewährleistet.
Einzelanforderungen	Der Service ist agnostisch. — Lösungslogik	Die gekapselte Logik wird für verschiedene Einsatzszenarien so agnostisch entwickelt, dass sie wiederverwendbar ist.
	Funktionaler Kontext	Der Service wird durch einen agnostischen funktionalen Kontext definiert.
	Die Servicelogik ist hochgradig generisch.	Die vom Service gekapselte Logik wird so generisch implementiert, dass sie verschiedene Einsatzzwecke und Controller-Services unterstützt.
	Der Servicevertrag ist generisch.	Der Servicevertrag wird so flexibel verfasst, dass er unterschiedliche Ein- und Ausgabenachrichten verarbeiten kann.
	Der Servicevertrag ist erweiterungsfähig.	
	Die Servicelogik unterstützt Nebenläufigkeit.	Services sollen den parallelen Zugriff mehrerer Consumer-Programme unterstützen und erleichtern.
	Granularität — Funktionen	Es werden soviel Funktionen wie nötig und sowenig wie möglich implementiert. Unterschiedliche Datengranularitätsanforderungen gleicher Funktionen können redundante Funktionen erforderlich machen.
	Daten	Beim Einsatz von Webservices ist auf möglichst grobkörnigen Datenaustausch zu achten, um den Verarbeitungsaufwand im Messaging-Framework gering zu halten.
	Serviceinventar-Blueprint — Der Serviceinventar-Blueprint liefert eine vollständige Sicht auf die Lösungslogik des gesamten Unternehmens oder der Domäne in Form eines Inventars von Servicekandidaten.	Verbessert das Auffinden agnostischer Services in der Entwurfsphase und vermeidet Redundanz.
		Die Servicegrenze wird sorgfältig modelliert, um den Funktionskontext des Service ohne Überschneidungen mit anderen Services darzustellen.

Tabelle 12: Entwurfsprinzip - Wiederverwendbarkeit von Services (Vgl. Erl 2008, S. 259ff)

6.5 Wiederverwendbarkeit im Fokus

Wesentliche Aspekte serviceorientierter Analyse- und Entwurfsprozesse sind direkte Ableitungen bewährter Methoden kommerzieller und traditioneller Produktion. Das Ergebnis ist ein Serviceinventar, das einerseits die Massennutzung und andererseits hochspezialisierte Kompositionen unterstützt, wie es in Abbildung 16 gut zu erkennen ist. Hierbei liegt das Bestreben des kommerziellen Entwurfsansatzes nicht darin, absolute Wiederverwendung zu gewährleisten, vielmehr soll die geeignetste Art und Menge an Logik produziert werden, die ein Höchstmaß an Wiederverwendbarkeit garantiert und

37

gleichzeitig die Gefahr bannt, überflüssige Funktionen zu realisieren (Vgl. Erl 2008, S. 266).

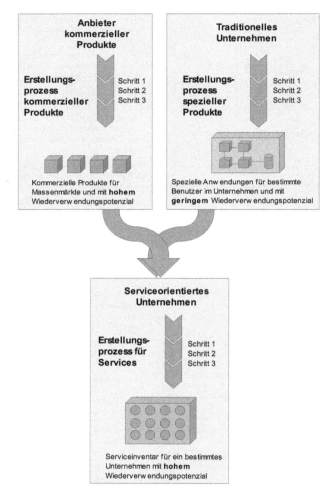

Abbildung 16: SOA vereint traditionelle u. kommerzielle Produktion (In Anlehnung an Erl 2008, S. 267)

Die frühzeitige Einbeziehung von Business-Experten in den Entwurfsprozess und die sachkundige Beantwortung des folgenden Fragenkatalogs kann zur Lösung dieser Aufgabe beitragen und den Service-Entwurf aus dem Fahrwasser nebulöser Spekulation zu einer verlässlichen Methode führen.

Fragenkatalog:

- Unterstützt ein Service die strategischen Ziele der Organisation?
- Passt ein Service in das Inventar und wie verhält er sich zu anderen?
- Welche Anforderungen soll ein Service jetzt und in Zukunft erfüllen?
- Müssen Trends der Organisation beim Entwurf bereits berücksichtigt werden?
- Können zukünftige Technologien bereits abgeschätzt und einbezogen werden?
- Gibt es taktische Prioritäten, die Einfluss auf den Entwurf haben?
- Stellen vorhandene Legacy-Systeme[37] besondere Anforderungen an den Service?

(Vgl. Erl 2008, S. 268)

Agnostische Services zu entwerfen erfordert eine Mentalität der genauen „Markt-beobachtung" und „Marktforschung" und somit die Analyse reichhaltig verfügbarer organisationsspezifischer Informationen und die Auswertung konkreter Bedürfnisse des Endanwenders, um die tatsächlich erforderliche Funktionalität festlegen zu können (Vgl. Erl 2008, S. 269).

Die Anwendung kommerzieller Erstellungsmethodik erhöht das Potenzial für Wiederverwendbarkeit, die zur Entwurfszeit in drei Grade kategorisiert werden kann. „Taktische Wiederverwendbarkeit" wird erreicht, wenn terminlich bedingt nur die unmittelbaren funktionalen Anforderungen sofort und andere erst in der Zukunft realisiert werden. „Zielgerichtete Wiederverwendbarkeit" entsteht, wenn ein Service mit zwar bekannten, aber erst in Zukunft erforderlichen Funktionen mit hohem Wiederverwendungspotenzial ausgestattet wird. „Vollständige Wiederverwendbarkeit" kann nur auf der Grundlage eines Serviceinventar-Blueprints erfolgen und zielt darauf ab, sämtliche Funktionen des Service bereitzustellen.

Die „Tatsächliche Wiederverwendung" eines Service ist an Hand der Menge seiner Consumer und der Häufigkeit seiner Nutzung messbar. Sie liefert dem Controlling die nötigen Kennzahlen, um relativ präzise Auskunft über den Erfolg einer Investition geben zu können. Eine konsequente Anwendung kommerzieller Methoden verringert die Gefahr, einem Service mehr Funktionalität zu verleihen, als eigentlich nötig wäre. Dieser Prozess der „Vergoldung" birgt das Risiko, Dauer und Kosten des Entwurfs zu erhöhen und sollte nur nach sorgfältiger Prüfung stattfinden (Vgl. Erl 2008, S. 269ff).

---

37 Ein Legacy-System bezeichnet in der Wirtschaftsinformatik eine etablierte, historisch gewachsene Anwendung.

Wenn Servicelogik agnostisch, also neutral gegenüber Geschäftsprozessen, proprietärer Technologie und Anwendungsplattformen entworfen wird, zielt dies direkt auf die Erhöhung der Wiederverwendbarkeit. Gleichzeitig steigert Agnostik den generischen Funktionsanteil für die Mehrzwecknutzung und trägt ebenfalls zur Erhöhung der Wiederverwendbarkeit bei (Vgl. Erl 2008, S. 273).

Wiederverwendung ist vom Auffinden und der Vermeidung redundant entwickelter Services abhängig. Ein Serviceinventar-Blueprint, der eine vollständige Sicht auf die Lösungslogik eines Gesamtunternehmens ermöglicht, ist eine ideale Grundlage zum Finden vorhandener, funktional sauber abgegrenzter Services. Er kann die Grundlage wohldefinierter Serviceverträge sein und bildet alle Serviceebenen des zugrundeliegenden Servicemodells ab, sodass Servicelogik mit Wiederverwendungspotenzial von Anfang an erkannt und klassifiziert werden kann (Vgl. Erl 2008, S. 274).

Die Einführung interner Entwurfsstandards muss u. a. dazu führen, dass bereits vorhandene Services generell die erste Wahl bei der Erstellung neuer Lösungen darstellen, auch wenn noch nicht alle erforderlichen Funktionen implementiert sind und gemäß den Anforderungen nachgeführt werden müssen. Diese Form der Logikzentralisierung als standardisiertes Entwurfsmuster fördert die Erstellung eines hochgradig normalisierten[38] Serviceinventar-Blueprints, in dem jeder Service eine eigene Funktionsdomäne ohne Funktionsüberschneidung mit anderen Services repräsentiert (Vgl. Erl 2008, S. 275).

Wenn hier also Logikzentralisierung festlegt, dass vorrangig vorhandene Logik des Inventars zu verwenden ist, dann soll Vertragszentralisierung festlegen, in welcher Art und Weise dies zu geschehen hat und gleichzeitig sicherstellen, dass der zentrale Einstiegspunkt der Vertrag selber ist (Vgl. Erl 2008, S. 275).

Die Kombination dieser Muster ist ein Garant für eine hoch standardisierte und normalisierte Architektur, in der die lose Kopplung inhärent ausgebaut wird. Aus Gründen der Übersichtlichkeit ist eine unternehmensweite Logikzentralisierung bei zunehmender Größe von Unternehmen oft nur in Teilbereichen (Domänen) domänenspezifisch durchsetzbar (Vgl. Erl 2008, S. 277).

Einer der wichtigsten Faktoren für den Grad der Wiederverwendbarkeit eines Service ist seine Granularität. Zum besseren Verständnis kann man sich vorstellen, dass ein feinst-

---

38 Normalisierung bedeutet hier die Vermeidung funktionaler Redundanz und Überschneidung.

körnig entwickelter Service mit nur einer einzigen, agnostischen Funktion zum Auslesen einer Datentabelle einen extrem hohen Wiederverwendungsgrad erreicht, während ein grobkörniger Service, der praktisch die Logik eines gesamten Workflows enthält, nur geringe Chancen auf Wiederverwendung hat. Beides ist nicht sinnvoll, weil einerseits Feinstkörnigkeit die Serialisierung einer Vielzahl von Services mit dem Ergebnis schlechter Performance nach sich ziehen würde und andererseits Grobkörnigkeit naturbedingt nur den Einzelfall bedient. Die *„Kunst"* beim Service-Entwurf besteht also wesentlich darin, dass richtige Maß an Granularität zu finden und dabei sauber zwischen der Granularität von Fähigkeiten, Daten und Constraints unterscheiden zu können (Vgl. Erl 2008, S. 282).

In einigen Definitionen wird empfohlen, dass Services grundsätzlich grobgranular sein sollten. Diese Empfehlung birgt jedoch genau eine der bereits erwähnten Problemvarianten. Hinzu kommt natürlich das Kalkül, wann ein Service eigentlich grob- oder feingranular ist. Das OASIS-SOA-Referenzmodell verwendet den Begriff der Grobgranularität mit Absicht nicht, weil es sich um subjektive Abwägungen ohne sinnvolle Metriken handelt. Granularität ist nur ein Detailaspekt, der von der Art des Problems, sei es strategisch oder algorithmisch anzusiedeln, abhängig ist (Vgl. OASIS 2006, S. 7).

Zur Verbesserung der Unterscheidbarkeit mehr oder weniger wiederverwendbarer Services dienen Servicemodelle, in denen Unterscheidungskriterien definiert sind. Hierin stellt die Kategorie agnostischer Entity- und Utility-Services innerhalb des funktionalen Kontextes wiederverwendbare Lösungslogik bereit. Die Kategorie nicht agnostischer Task-Services, deren Aufgabe es ist, agnostische Services vor der Geschäftsprozesslogik zu kapseln, unterstützen auf diese Art ebenfalls die Wiederverwendung von Services (Vgl. Erl 2008, S. 283).

7 Generierung des Datenmaterials

Um dem Anspruch der klassischen Gütekriterien wissenschaftlicher Untersuchungen wie Reliabilität (Zuverlässigkeit) und Validität (Gültigkeit) in dieser Arbeit zu genügen, soll in diesem Kapitel ein qualitatives Untersuchungsdesign erarbeitet werden, dass die einzelnen Arbeitsschritte im Hinblick auf die Datenerhebungs- und Auswertungsmethoden offenlegt.

7.1 Literarische Erhebung

Im vorangegangenen Teil dieser Arbeit wurden bereits die zur Erzeugung aller spezifizierten Service-Merkmale dienenden Entwurfs-Prinzipien aus der bestehenden Literatur exzerpiert und in ihrem Zusammenhang dargestellt. Die dieser Untersuchung zugrundeliegende Fragestellung nach den Möglichkeiten zur Beeinflussung des Grades der Wiederverwendbarkeit erfordert es, im Folgenden ausschließlich diesbezüglich relevante Entwurfsprinzipien abzuleiten und als Untersuchungshypothesen kategorisiert darzustellen.

Hypothetische Entwurfs-Prinzipien zur Erhöhung des Wiederverwendungsgrads:

1. **Ein Service-Inventar-Blueprint wird erstellt** (oder ist bereits vorhanden)
   - ermöglicht eine vollständige Sicht auf die Lösungslogik des Unternehmens
   - Serviceebenen sind klar anhand ihrer Agnostik klassifiziert und dargestellt
   - repräsentiert das Inventar von realisierten Services und Servicekandidaten
   - dient zur Abgrenzung bereits vorhandener Funktionskontexte

2. **Der Grad der Wiederverwendbarkeit ist planbar**
   - taktische Wiederverwendbarkeit
     - *realisiert nur unmittelbar erforderliche Funktionen*
   - zielgerichtete Wiederverwendbarkeit
     - *realisiert unmittelbar erforderliche und zukünftig absehbare Funktionen*
   - vollständige Wiederverwendbarkeit
     - *realisiert alle analysierten Funktionen*

3. Der Service ist agnostisch

- gekapselte Lösungslogik kann für verschiedene Szenarien verwendet werden
- gekapselte Lösungslogik ist technologie- und plattformunabhängig
- veröffentlichte Funktionen sind nicht geschäftsprozessspezifisch

4. Die Servicelogik ist hochgradig generisch

- Parametrierbarkeit wird weitestgehend und sinnvoll implementiert

5. Die Servicelogik unterstützt Nebenläufigkeit[39]

- viele Service-Consumer-Programme können gleichzeitig zugreifen
- Nutzung verteilter Ressourcen

6. Der Servicevertrag ist generisch

- Constraints für Ein- und Ausgabedaten auf Vertragsebene werden vermieden

7. Der Servicevertrag ist erweiterbar

- versionsunabhängige Erweiterungen sind möglich

8. Die Funktionsgranularität des Service ist ausgewogen

- nur soviel Funktionen wie nötig und sowenig wie möglich implementieren
- angeforderte Datengranularitätsunterschiede erlauben Funktionsredundanz

9. Die Datengranularität des Service ist ausgewogen

- ein möglichst grobkörniger Datenaustausch schont die Messaging-Ressourcen

7.2 Empirische Erhebung

7.2.1 Auswahl der geeigneten Interviewtechnik

Für die Erhebung empirischer Daten lassen sich hinsichtlich des Strukturierungsgrads und der Offenheit der Fragenstellung drei Grundformen des qualitativen Interviews unterscheiden:

1. Narratives Interview

- zeichnet sich durch einen geringen Grad an Strukturierung aus
- hat eine eher offene Form

---

39 Wenn zwei Ereignisse parallel ausgeführt werden können (jedoch nicht müssen), dann besteht zwischen ihnen keine kausale Abhängigkeit.

2. Leitfadeninterview

- ist in der Regel auf ein bestimmtes Themenfeld fokussiert
- die Interviewenden steuern den Gesprächsverlauf

3. Mischform aus beiden oben genannten

4. Problemzentriertes, semistrukturiertes Leitfadeninterview

- orientiert sich an einem Leitfaden mit narrativen Elementen
- vermittelt im Spannungsfeld zwischen Strukturierung und Offenheit

(Vgl. Scholl 2003, S. 59ff)

Da die Untersuchungen in dieser Arbeit einerseits auf die Plausibilisierung bereits exzerpierter Arbeitshypothesen abzielt, jedoch darüber hinaus durch die Erhebung empirischer Daten auch versucht neue Erkenntnisse zu gewinnen, bietet sich hier die Verwendung eines *semistrukturierten Leitfadeninterviews* an, in dem mit Hilfe eines teils strukturierten Leitfadens der Referenzrahmen der Interviewten hinsichtlich der Problemstellung abgefragt wird, ohne dabei die Antwortmöglichkeiten zu sehr einzuschränken (Vgl. Heinze 2003, S. 155).

Der Leitfaden kann während der Erhebungsphase ständig optimiert und in Teilen weiterentwickelt werden, um induktiv[40] gewonnene Erkenntnisse hieraus zu spezifizieren (Vgl. Scholl 2003, S. 27).

7.2.2 Auswahl der Experten

Es schließt sich die Frage an, welche Personengruppen als mögliche Interviewpartner geeignet sind. Da die Datenerhebung darauf abzielt, das Sachverständnis der interviewten Personen abzufragen, um an Informationen und Fakten bezüglich der hier vorstehenden Untersuchungsfrage zu gelangen, ist die Durchführung sogenannter Experteninterviews naheliegend. Folgerichtig muss im nächsten Schritt entsprechend festgelegt werden, wer sich hierfür als Experte auszeichnet. Der Auswahlprozess der Gesamtheit möglicher Interviewpartner soll durch die Definition von Auswahlkriterien nachfolgend transparent gemacht werden.

Im sozialwissenschaftlichen Untersuchungsumfeld gelten Personen als Experten, die über exklusives Wissen im Hinblick auf den Untersuchungsgegenstand einer empiri-

---

40 Induktion (lat. inducere, „herbeiführen, veranlassen, einführen") bedeutet den abstrahierenden Schluss aus beobachteten Phänomenen auf eine allgemeinere Erkenntnis.

schen Analyse verfügen (Vgl. Meuser/Nagel 2005, S. 72). Bezugnehmend auf die Fragestellung dieser Untersuchung bilden daher alle Personen, die eben solches Wissen hinsichtlich einer SOA und hier speziell dem Entwurf von Services verfügen, die Grundgesamtheit möglicher Interviewpartner. Aufgrund der Heterogenität innerhalb dieser Gruppe ist es erforderlich, eine weitere Differenzierung vorzunehmen. Entsprechend lassen sich mindestens drei Untergruppen bilden:

- **Softwarearchitekten**

  Beschreiben grundlegende Komponenten und deren Zusammenspiel innerhalb eines Softwaresystems.

- **Softwaredesigner**

  Aufgabenbereiche sind in der Planung und Entwicklung von Services angesiedelt.

- **Zertifizierte Berater**

  Z. B. stellen SAP Development Consultants eine Gruppe von Experten dar, die aufgrund der bereits „von Hause aus" serviceorientierten SAP-Netweaver-Plattform bestens qualifiziert sind.

Um ein angemessenes Maß an Heterogenität zu erreichen und dem Prinzip der *maximalen strukturellen Variation*[41] zu folgen, sind aus allen Gruppen Personen zu interviewen, um möglichst unterschiedliche Informationen zu erhalten (Vgl. Kruse 2007, S. 47).

7.2.3 Semistrukturiertes Leitfadeninterview

Im nächsten Schritt wird nun ein geeigneter Interviewleitfaden entwickelt, der sich strukturell und inhaltlich an den zuvor abgeleiteten Arbeitshypothesen orientiert und diese durch Zusammenfassung thematisch zusammenhängender Hypothesen modularisiert auflistet. Die Formulierung der einzelnen Fragen unterscheiden sich hinichtlich ihres Grades an Offenheit. Hierbei dienen offene Fragestellungen der Gewinnung neuer Erkenntnisse besser als geschlossen formulierte Fragen. Letztere grenzen die Antwortmöglichkeiten des Interviewten stärker ein und strukturieren das Gespräch stärker in Richtung des Untersuchungsgegenstandes. Sie lassen sich jedoch entsprechend ihrer

---

41 Das Prinzip der maximalen strukturellen Variation wurde im Zusammenhang mit der Forschungsmethode des qualitativen Experiments entwickelt. Es besagt, dass alle relevanten Aspekte eines Gegenstandes auf Ähnlichkeiten und Unterschiede hin analysiert werden sollen.

Zielgerichtetheit wesentlich einfacher auswerten als offen gestellte Fragen (Vgl. Heinze 2003, S. 160).

Fragebogen [IT-Experte in leitender Position]	
Schlüsselfragen	**Eventualfragen**
Modul I	
Narrativer Einstieg	
Zunächst würde mich interessieren, wie Sie die aktuelle Diskussion um die Einführung unternehmensweit verbindlicher Entwurfsprinzipien für Services innerhalb einer SOA einschätzen.	• Was erscheint Ihnen dabei besonders wichtig?
	• Sehen Sie Zusammenhänge zwischen fehlenden Entwurfsstandards und gescheiterten SOA-Projekten?
Die Bedeutung der Wiederverwendbarkeit von Services wird in den Medien häufig mit Geschäftsnutzen assoziiert. Wie bewerten Sie das?	• Konnten Sie bereits nennenswerte Vorteile durch Wiederverwendung erzielen?
	• Haben Sie Kennzahlen, die einen geschäftlichen Nutzen nachweisen?

Modul II	
Übergeordnete Planungsprinzipien	
Welche konkreten Mittel verwenden Sie für die Darstellung Ihres unternehmensweiten Service-Inventars?	*Nur wenn das Darstellungsmittel ein Blueprint ist!*
	• Erhalten Sie hierdurch einen guten Überblick?
Welche Vorteile sehen Sie beim Einsatz eines Service-Blueprint?	• Sehen Sie im Service-Blueprint Möglichkeiten, eine Gesprächsebene zwischen Business-Experten und IT-Experten zur Planung von Servicekandidaten herzustellen?
	• Ist ihr Blueprint strukturiert?
	Wenn Ja!
	• Welche Ebenen haben Sie etabliert?
	Wenn Nein!
	• Welches Ordnungssystem verwenden Sie zur Klassifizierung der Services?
Das funktionale Wiederverwendungspotenzial einer Serviceneuentwicklung soll dringlichkeitsabhängig umgesetzt werden.	• Was halten Sie von solchen Vorschlägen?

Modul III	
Prinzipien für Lösungslogik	
In den Medien trifft man häufig auf die Aussage, dass die Wiederverwendbarkeit eines Service steigt, desto unabhängiger die Lösungslogik von seiner Umgebung ist.	• Wie schätzen Sie die Bedeutung der agnostischen Lösungslogik ein?
An dieser Stelle möchte ich das Stichwort „Agnostischer Service" ins Spiel bringen.	• Verwenden Sie grundsätzliche Entwurfsregeln für die Umsetzung?
Ein weiteres Argument bezüglich der Verbesserung von Wiederverwendbarkeit ist die erhöhte Implementierung des generischen Logikanteils.	• Was halten Sie von dieser Aussage?
Ich denke da speziell an die Parametrierbarkeit von Funktionen.	• Wie sind Ihre Erfahrungen bezüglich des erhöhten Verwaltungsaufwandes für erweiterte Schnittstellen?
Welches Konzept verfolgen Sie bei der Realisierung nebenläufiger Programmzugriffe?	

Modul IV	
Prinzipien für Serviceverträge	
Allgemein wird der Service-Vertrag als der Dreh- und Angelpunkt bei der Umsetzung eines hohen Wiederverwendungsgrades angesehen.	• Halten Sie es für richtig, den Service-Vertrag als unumgänglichen Einstiegspunkt zu einem Service zu definieren?
Welche Bedeutung hat der Service-Vertrag für Sie?	• Wie erreichen Sie es, dass Service-Consumer grundsätzlich über den Service-Vertrag auf Services zugreifen müssen?
Im Produktiveinsatz eines Service werden häufig sehr unterschiedliche Verarbeitungsanforderungen hinsichtlich seiner Ein- und Ausgabedaten gestellt.	• Halten Sie die Einschränkung von Constraints für ein geeignetes Mittel?
Wie erreichen Sie, dass Services ein großes Spektrum solcher Daten verarbeiten können?	
Die Realität zeigt, dass Services während ihres Lebenszyklus angepasst oder erweitert werden müssen.	• Haben Sie ein Versionierungskonzept?
Wie gehen Sie mit dieser Tatsache um?	

Modul V
Prinzipien für Granularität

In der Fachliteratur wird der Begriff Granularität häufig als Schlüssel zur Wiederverwendbarkeit beschrieben. Welches Gewicht würden Sie der Granularität eines Service hinsichtlich seiner Wiederverwendbarkeit einräumen?	• Was halten Sie davon, die veröffentlichten Funktionen eines Service auf sein notwendiges Minimum zu beschränken?
Häufig werden innerhalb eines Service Daten mit sehr unterschiedlicher Datengranularität gebraucht. Wie lösen Sie solche Anforderungen?	• Wie stehen Sie zu redundanten Funktionen, um unterschiedliche Datengranularitätsanforderungen innerhalb eines Service zu gewährleisten?
Webservices ziehen mit Blick auf ihre lose Kopplung ein hohes Maß an Nachrichtenaustausch nach sich. Das kann eine große Herausforderung für das zugrundeliegende Messaging-System darstellen. Wie regeln Sie diesen „Traffic".	• Was halten Sie von der Strategie, den Datenaustausch als Dokumentnachricht im XML-Format möglichst grobgranular zu gestalten?

7.3 Qualitative Inhaltsanalyse

7.3.1 Auswahlkriterien für die Analysemethode

Die Methoden der empirischen Sozialforschung lassen sich grundsätzlich in die zwei Verfahren der quantitativen und qualitativen Inhaltsanalyse unterteilen (Vgl. Brosius / Koschel 2001, S. 17f). Dabei zielen quantitative Methoden vor allem darauf ab, anhand standardisierter Verfahren bestimmte Phänomene zu beschreiben und eine Überprüfung deduktiv[42] hergeleiteter Hypothesen durchzuführen (Vgl. Scholl 2003, S. 26f). Die zentrale Aufgabe qualitativer Untersuchungen konzentriert sich laut (Mayring, 2003) auf das Finden geeigneter Hypothesen. Obwohl qualitative Ansätze auch dazu dienen können, Hypothesen zu überprüfen, ist ihr hauptsächliches Aufgabenfeld jedoch „die Aufdeckung der für den jeweiligen Gegenstand relevanten Einzelfaktoren, (...) sowie die Konstruktion von möglichen Zusammenhängen dieser Faktoren" (Vgl. Mayring 2003, S. 20).

In Bezug auf die Untersuchung dieser Arbeit erscheint eine qualitative Untersuchung besonders geeignet, weil ihr Erkenntnisinteresse darauf gerichtet ist, relevante Einzel-

---

42 Deduktion (lat. deductio „Abführen, Fortführen, den Ursprung [von etwas] ableiten/herleiten") ist eine Art der Schlussfolgerung vom Allgemeinen auf das Besondere.

faktoren, also die *Prinzipien zur Erlangung eines hohen Wiederverwendungsgrades von Services* herauszuarbeiten und darüber hinaus die möglichen Zusammenhänge zwischen diesen Faktoren zu untersuchen. Qualitative Verfahren bieten sich insbesondere dann an, wenn der zu untersuchende Gegenstand komplex, unübersichtlich und bisher nur wenig erforscht ist (Vgl. Heinze 2003, S. 27). Diese Bedingungen treffen für die vorliegenden Untersuchungsfrage umfänglich zu.

Die Methoden der qualitativen Inhaltsanalyse sehen kein einheitliches Verfahren zur Auswertung des erhobenen Datenmaterials vor. Es besteht allerdings ein Konsens bezüglich folgender zwei Bedingungen an die Auswertung: (Vgl. Mayring 2003, S. 53)

1. **Eine begründete Auswahl der Analysemethode muss im Vorfeld der Untersuchung erfolgen.**

   Für die Bearbeitung der vorliegenden Untersuchungsfrage wurde bereits zuvor festgestellt, dass sich die qualitative Inhaltsanalyse als bestgeeignete Auswertungsmethode anbietet, weil sie zum einen die Plausibilisierung der vorab aufgestellten Hypothesen und zusätzlich die Gewinnung neuer Erkenntnisse ermöglicht.

2. **Die einzelnen Analyseschritte der Untersuchung müssen im Vorfeld aufgezeigt werden, um die Nachvollziehbarkeit und Überprüfbarkeit des Auswertungsprozesses zu gewährleisten.**

   Die qualitative Inhaltsanalyse wird als Rekonstruktion und theoriegeleitete Gewichtung von Interpretationsmustern charakterisiert. Sie verwendet im wesentlichen die Technik der *Strukturierung*[43], um das gewonnene Datenmaterial auszuwerten. Im vorliegenden Untersuchungsfall bietet es sich an, eine spezialisierte Form dieser Technik als *inhaltliche Strukturierung* vorzunehmen, weil sie eine Zusammenfassung und Extraktion bestimmter Inhaltsbereiche erlaubt.

7.3.2 Vorgang der „Inhaltlichen Strukturierung"

Diese Technik verfolgt das Ziel, eine bestimmte Struktur aus dem Material herauszufiltern, die in Form eines *Kategoriensystems*[44] an das Material herangetragen wird. Alle

---

43 „Ziel der Analyse ist es, bestimmte Aspekte aus dem Material herauszufiltern, unter vorher festgelegten Ordnungskriterien einen Querschnitt durch das Material zu legen oder das Material aufgrund bestimmter Kriterien einzuschätzen." (Vgl. Mayring 1988, S. 53)

44 Dient dazu, die analysierten Textabschnitte nach Aspekten zu gruppieren, um anschließend Kernaussagen zu den einzelnen Aspekten zusammenfassen zu können. (Vgl. Forschungsseminar Inhaltsanalyse 2007, S. 1)

Fundstellen, die den Kategorien entsprechen, werden anschließend systematisch extra-hiert.

Analyseeinheit	Zusammenfassung	Kategorie
Köbi Kuhn (63) hat vor zehn Tagen endlich bekannt geben dürfen, dass er den Captain künftig nicht mehr aufbietet.	Köbi Kuhn hat Johann Vogel aus dem Fussball-Nationalteam ausgeschlossen.	Beschreibung von Kuhns Handlungen.

Tabelle 13: Beispiel - Kategoriensystem (Analyse zur Charakterisierung eines Trainers)

(Vgl. Forschungsseminar Inhaltsanalyse 2007, S. 2)

Zur Feststellung, wann ein Materialbestandteil unter eine Kategorie fällt, hat sich ein dreistufiges Verfahren bewährt:

1. **Definition der Kategorien**

   Definition der zu einer Kategorie gehörigen Textbestandteile.

2. **Ankerbeispiele anführen**

   Anführen von beispielhaften Textstellen, die unter eine Kategorie fallen.

3. **Kodierregeln festlegen**

   Formulierung von Regeln zur Abgrenzung von Kategorien, bei denen es zu Überschneidungen kommen kann.

Zur Überprüfung der Kategorien auf ihre Relevanz und Griffigkeit wird empfohlen, ei-nen ausschnittweisen Materialdurchgang zu absolvieren. Speziell soll hier festgestellt werden inwieweit die Kategorien hinsichtlich ihrer Definitionen, Ankerbeispiele und Kodierregeln eine eindeutige Zuordnung erlauben (Vgl. Mayring 1988, S. 75).

7.3.3 Auswertung des Datenmaterials

Der systematische Verlauf einer qualitativen Inhaltsanalyse eignet sich insbesondere für eine computergestützte Auswertung (Vgl. Mayring 2003, S. 100). (Kelle 2005) em-pfiehlt beispielsweise den Einsatz der qualitativen Analysesoftware „Atlas.ti", mit der eine direkte Codierung des Textmaterials und eine computergestützte Datenauswertung ermöglicht wird. Des weiteren spricht eine erhöhte Effizienz der Datenorganisation so-wie eine stärkere Systematisierung des Vorgehens für den Einsatz einer Analysesoft-ware (Vgl. Kelle 2005, S. 500).

50

7.3.4 Ablaufmodell der Analyse

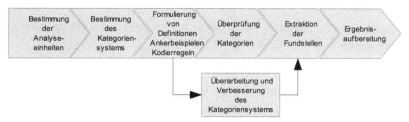

Abbildung 17: Ablaufmodell strukturierender Inhaltsanalyse (In Anlehnung an Mayring 1988, S. 77)

8 Fazit

An die Einführung von serviceorientierten Architekturen werden hohe Erwartungen geknüpft. An erster Stelle sind die zeitnahe Reaktionsfähigkeit auf Marktveränderungen durch flexible Einführung neuer Produkte oder Dienstleistungen und die daraus resultierende Kostensenkung bei der IT-Entwicklung zu nennen. Hierin liegt wohl auch begründet, dass SOA sowohl in Unternehmen als auch in der Literatur ein viel diskutiertes Thema ist.

Bei näherer Betrachtung der dort besprochenen Themen fällt allerdings auf, dass das eigentlich sehr komplexe Thema einer SOA häufig auf die Einführung ihrer technischen Infrastruktur reduziert wird.

Resümierend lässt sich aber objektiv feststellen, dass dies lediglich einen kleinen Teilschritt bei der Umsetzung einer unternehmensweit serviceorientierten Architektur darstellt. Der bedeutendste und gleichzeitig schwierigste Schritt bei der Umsetzung einer SOA ist die Einhaltung festgelegter Prinzipien, die es erlauben, fachliche Komponenten und Services so zu entwickeln, dass sie von vornherein Konsistenz, Qualität und somit Planungssicherheit gewährleisten.

Am Ende dieser Arbeit und nach sorgfältiger Recherche ist festzuhalten, dass seitens der Literatur hinsichtlich verbindlicher Formulierungen dieser dringend erforderlichen Prinzipien bis heute lediglich ein einziges ernstzunehmendes Werk des amerikanischen Autors Thomas Erl mit dem Titel „*Principles of Service Design*" vorgelegt wurde.

In der hier vorliegenden Arbeit wurde der Versuch unternommen, zunächst einen einvernehmlichen Überblick über die Gesamtheit der SOA-Thematik zu erarbeiten, um darauf aufbauend die Komplexität des Service-Entwurfs zunächst begreifen und anschließend beschreiben zu können. Mit der hier entstandenen Sammlung und Systematisierung sämtlicher in der Literatur empfohlener Entwurfsprinzipien soll ein (kleiner) Beitrag dazu geleistet werden, den Service-Entwurf zu vereinfachen und vor allem zu standardisieren.

Der wissenschaftliche Ansatz einer qualitativ-inhaltsanalytischen Plausibilisierung eines Teilbereichs dieser Prinzipien zur *Beeinflussung des Wiederverwendungsgrades von Services* wurde angesichts des beschränkten Umfangs der Arbeit und des längerfristig planerischen Vorlaufs zur Expertenfindung als ein in sich abgeschlossenes Konzept für die praktische Umsetzung vorbereitet.

9 Literaturverzeichnis

Brosius, Hans-Bernd; Koschel, Friederike (2001): Methoden der empirischen Kommunikationsforschung. Eine Einführung. Wiesbaden: VS Verl. für Sozialwiss. (Studienbücher zur Kommunikations- und Medienwissenschaft - Lehrbuch).

Eichhorst, Peter (2008): Agile Unternehmen und flexible IT durch Serviceorientierung. Herausgegeben von Business Technology - Architektur und Management Magazin. Online verfügbar unter http://it-republik.de/business-technology/artikel/Agile-Unternehmen-und-flexible-IT-durch-Serviceorientierung-1724.html.

Erl, Thomas (2008): SOA. Entwurfsprinzipien für serviceorientierte Architektur. München: Addison-Wesley (Programmer's Choice).

Fischer, Peter; Hofer, Peter (2008): Lexikon der Informatik. 14., überarb. Aufl. Berlin, Heidelberg: Springer-Verlag (Springer-11774 /Dig. Serial]).

Forschungsseminar Inhaltsanalyse (2007): Qualitative Inhaltsanalyse. Uni FR, FB Medien- und Kommunikationswissenschaft. http://www.unifr.ch/mukw/downloads/IA-Qualitativ.pdf

Gläser, Jochen; Laudel, Grit (2009): Experteninterviews und qualitative Inhaltsanalyse als Instrumente rekonstruierender Untersuchungen. 3., überarb. Aufl. Wiesbaden: VS Verl. für Sozialwiss. (Lehrbuch).

Heinze, Thomas (2003): Qualitative Sozialforschung: Einführung, Methodologie und Forschungspraxis: Eine Einführung. Hagen.

IDS Scheer AG: ARIS Platform. Die führende Software für Geschäftsprozessmanagement. IDS Scheer AG. Online verfügbar unter http://www.ids-scheer.de/de/ARIS_ARIS_Platform/7796.html.

Josuttis, Nicolai (2009): SOA in der Praxis. System-Design für verteilte Geschäftsprozesse. 1. Aufl., korr. Nachdr. Heidelberg: dpunkt.verl.

Juric, Matjaz; Mathew, Benny; Sarang, Poornachandra (2006): Business process execution language for web services. An architect and developer's guide to orchestrating web services using BPEL4WS. 2. ed. Birmingham: Packt Publ. (From technologies to solutions).

Kelle, Udo (2005): Qualitative und quantitative Methoden: Kein Gegensatz, in Flick, Uwe/von Kardorff, Ernst/Steinke, Ines (Hg.): Qualitative Forschung: Ein Handbuch. Reinbek bei Hamburg.

Krafzig, Dirk; Banke, Karl; Slama, Dirk (2007): Enterprise SOA. Wege and Best Practices für serviceorientierte Architekuren [i.e. Architekturen]. 1. Aufl. Bonn: mitp/REDLINE Ges.

Krcmar, Helmut (2005): Informationsmanagement. Mit 41 Tabellen. 4., überarb. und erw. Aufl. Berlin: Springer.

Kruse, Jan (2007): Einführung in die Qualitative Interviewforschung. Online verfügbar unter http://www.soziologie.uni-freiburg.de/kruse.

Mayring, Philipp (1988): Qualitative Inhaltsanalyse. Grundlagen und Techniken. Weinheim: Beltz (UTB für Wissenschaft Pädagogik).

Mayring, Philipp (2003): Qualitative Inhaltsanalyse. Grundlagen und Techniken. Weinheim: Beltz (Beltz Pädagogik).

Melzer, Ingo (2009): Service-orientierte Architekturen mit Web Services. Konzepte - Standards - Praxis. 3. Aufl., [Nachdr.]. Heidelberg: Spektrum Akad. Verl.

Meuser, Michael; Nagel, Ulrike (2005): ExpertInneninterviews - vielfach erprobt, wenig bedacht: Ein Beitrag zur qualitativen Methodendiskussion. Wiesbaden.

OASIS (2006): Reference Model for Service Oriented Architecture. Committee Draft 1.0, 7 February 2006. Herausgegeben von OASIS. Online verfügbar unter http://www.oasis-open.org/committees/download.php/16587/wd-soa-rm-cd1ED.pdf.

Richter, Jan-Peter (2005): Technology Guide SOA. Unter Mitarbeit von Thomas George Tim Gugel Thomas Heimann Harald Lange Jan-Peter Richter. Herausgegeben von software design & management. sd&m AG. Online verfügbar unter http://www.de.capgemini-sdm.com/web4archiv/objects/download/pdf/2/soa_technologyguide.pdf.

Ried, Stefan (2009): Wird SOA die Wirtschaftskrise überleben? In: WIRTSCHAFTSINFORMATIK & MANAGEMENT, Jg. 09, H. 02, S. 38–39. Online verfügbar unter http://www.wirtschaftsinformatik.de/pdf/wum-009-0048-1_soa.pdf.

Scholl, Armin (2003): Die Befragung: Sozialwissenschaftliche Methode und kommunikationswissenschaftliche Anwendung. Konstanz.

Starke, Gernot; Tilkov, Stefan (2007): SOA-Expertenwissen. Methoden, Konzepte und Praxis serviceorientierter Architekturen. 1. Aufl. Heidelberg: dpunkt.verl.

The Free Online Dictionary (2010): Herausgegeben von TheFreeDictionary.com. Online verfügbar unter http://www.thefreedictionary.com/Service.

World Wide Web Consortium (W3C) (2007): SOAP Version 1.2. Part 1: Messaging Framework (Second Edition). Unter Mitarbeit von Marc Hadley Noah Mendelsohn Jean-Jacques Moreau Henrik Frystyk Nielsen Anish Karmarkar Yves Lafon Martin Gudgin. Herausgegeben von W3C. Online verfügbar unter http://www.w3.org/TR/soap/, zuletzt aktualisiert 2007.

Zeppenfeld, Klaus; Finger, Patrick (2009): SOA und WebServices. (Springer-11774 /Dig. Serial]). Online verfügbar unter http://dx.doi.org/10.1007/978-3-540-76991-0.